苏升乾 著

画说中国故事

透过古画读懂历史

华中科技大学出版社
http://press.hust.edu.cn
中国·武汉

图书在版编目（CIP）数据

画说中国故事：透过古画读懂历史 / 苏升乾著 . —— 武汉 : 华中科技大学出版社 , 2023.5
ISBN 978-7-5680-9175-6

Ⅰ . ①画⋯ Ⅱ . ①苏⋯ Ⅲ . ①中国历史 – 通俗读物 Ⅳ . ① K209

中国国家版本馆 CIP 数据核字 (2023) 第 026757 号

画说中国故事：透过古画读懂历史   苏升乾 著
Huashuo Zhongguo Gushi : Touguo Guhua Dudong Lishi

策划编辑：胡 晶
责任编辑：张 欣
责任校对：刘 竣
责任监印：朱 玢
装帧设计：覃忠善
出版发行：华中科技大学出版社（中国·武汉）   电话： （027）81321913
　　　　　武汉市东湖新技术开发区华工科技园   邮编： 430223
印　　刷：湖北金港彩印有限公司
开　　本：710 mm×1000 mm　1/16
印　　张：15.75
字　　数：180 千字
版　　次：2023 年 5 月第 1 版第 1 次印刷
定　　价：99.80 元

序

　　五千年的斗转星移，沧海桑田，在东方大地上孕育出伟大的中华文明。龙的传人历尽曲折，百转千回，使得中华文明以精妙的思辨、冷静的态度对待自然轮回，人世百态。它能在仰观天象中秉承人道，行事雷霆万钧，气势雄浑；也能在纵横捭阖中精微细腻地展示含蓄委婉，万种风情。

　　博大精深的中华文明，记录在汗牛充栋的经史子集中，也刻画描绘在从古至今留存的岩画汉砖、丝帛重彩上。创作它们的丹青妙手有的是帝王重臣，有的是能工巧匠，还有世外高人或是农夫织女。时光荏苒，经验累积，前辈在挥毫叠彩之间创造出别于他人的技法与独特的审美思维。大笔写意的笔走龙蛇，墨彩飞扬于生宣纸上，挥洒间彰显神韵；工笔画精细于笔端，光色艳发，妙穷毫厘。虚实、粗细、浓淡、干湿的笔法变化；疏处可走马，密处不透风的布局规范，渗透着中国传统哲学的思辨智慧。人物画承载着记录历史，山水画、花鸟画昭示着精神的追求或解脱。无论是器物上的线条勾勒，壁画上的重彩，还是纸张绢帛上的水墨丹青，只要见到它，人们头脑中就会不约而同地闪现出一个称谓：中国画。

中国画，是祖先留给我们的形象记忆，传达着古往今来对大地苍穹、人情世故的洞悉透视。它飘逸的线条令人如沐春风，它的大斧劈皴怪石嶙峋，它的没骨花枝浑如天成，它的"意在笔先"信条达到画尽意在的境界，甚至连装裱，都在人类艺术的百花园中独具魅力。中国画，与中国人的精神世界休戚相关。且不说帝王以绘画展示君临天下的文治武功，士大夫以焚香、插花、点茶、挂画炫耀上层生活的优雅，就是引车卖浆的凡夫俗子，也离不开灶前一张灶王爷和灶王奶奶的真容。

遗憾的是世事无常，朝代更替，许多中国画作精品失于战火灾荒，毁于野蛮无知和盗窃掠夺。所剩不多的传世珍品，也由于保管失当或天灾人祸，而破损缺失，或蒙尘失色。结果是世人皆知有中国画，但所见者有限，识读其精妙者更少。

对流传千古的画作记忆和刻画手法，已经从静态的二维描绘进化到动态的三维空间视频、音频的综合记录，但是透过历史的尘埃，领略传统中国画蕴含的美的认知和善的理念，了解祖先们绘画手法和画卷背后的微言大义，仍然是我们发现前人智慧的重要渠道。

　　我于 2012 年 5 月在中央电视台《百家讲坛》栏目讲述了《清明上河读宋朝》以后，受到很多朋友的肯定和热情鼓励。于是工作之余，进一步学习和收集资料，在更大的范围内识读研究中国传统画作，并于 2021 年录制了中央电视台《百家讲坛》栏目新节目《画说中国故事》。在我学习诸多材料之前，已有许多专业学者对中国传统画作做了大量解读宣传工作，我的一点认识和体会也是受到了这些已有成果的启发。我的工作既包含了对已有成果的选择整理并形成自己的观点，也力求在讲解上更通俗一些，在此向前行者和他们的贡献表示崇高的敬意。

　　基于这个目的，我们以中央电视台《百家讲坛》栏目的《画说中国故事》为依托，借助其文字图像资料加以补充修订，出版了这本通俗读物，以期在这方面对读者有所帮助。

目录

第一章

穿越沧桑 品古画

中国古代绘画艺术历史悠久，源远流长。从早期的岩画、彩陶画，到汉代的画像石，乃至后来的绢画、帛画、纸本等不同材质样式；内容上有了人物画、山水画、花鸟画等区分。这些不同时期的作品，记载的是先民的生产生活和审美追求。世事沧桑与陵谷变迁，王朝兴衰与人事代谢，世间百态与山水花鸟，都在画作中有鲜活的呈现。这些作品，承载的同样是沉甸甸的历史。周秦汉唐，宋元明清，几千年的历史跨越，无数的人与无数的事，经验与教训的总结，文化的厚积与薄发，手法的传承与创新，艺术的交流与融合，都浓缩在画家或深或浅的笔触之下。解读这些跨越朝代、经历沧桑的画作，能使我们穿透时间的纱幕，更清晰地把握历史的真实，引发深沉的思考和感悟。

前几年，曾经有一位收藏者很高兴地对朋友说，他收藏了一幅《听琴图》，画的是一个男人在弹琴，听琴的两人是官员，旁边还有一书童。画上题了一首诗，诗的落款是"臣京谨题"。结果朋友告诉他，他手里的画肯定是印刷品。为什么呢？因为这是中国古代的一幅名画，现存于北京故宫博物院。如果有人手里拿着真迹，那就是国宝失窃的大案，要赶紧打 110 了。

现在中国老百姓对《蒙娜丽莎》《最后的晚餐》这些优秀的外国画作的知晓度还是挺高的，但是对我国的一些传世佳作，很多人却不知道，或者是知道有这么一幅画却又说不出这幅画好在哪、这幅画有什么意义，所以这本书就想为大家介绍一些我国古代绘画中的传世之作，讲讲画里画外的故事。

我们的祖先，除了留下汗牛充栋的历史文献以外，还有大量的画作，把眼睛里看到的、脑海里想象的内容记录下来，帮助我们了解那些过去的时代。

绘画涉及三个问题：画在哪？用什么画？谁来画？

先说画在哪。在远古时代，由于生产能力和科学知识都十分低下，原始人把一切美好的希望都归于神的恩赐，所以祭祀活动在生活中是头等大事。把祭祀活动记录下来，在还没有发明文字的时候，就是用图画来进行的。

我们所能见到的岩画，它是用铁矿石的粉末混和着动物的血调成颜色，画在岩石上的。陶器上的图饰，如仰韶文化中的彩陶画着人面和鱼纹的图样。古人还有可能画在兽皮、麻布上，但是有机物容易腐烂，所以我们现在所能看到的都是画在硬质材料上。此外，还有一些保留下来的画像石、画像砖一类，虽然它们经过一些简单的雕刻，但还是比较多地保留了画的原生形态。还有一类就是画在房屋或者墓道墙壁上的壁画。

进入商周以后，中国的丝织品制造取得了很大的进步，有了我们常见的绢、帛。在绢、帛上面作画，对贵族来说不是什么难事，比如湖南马王堆汉墓出土的帛画。这幅画描写了墓主人生活的场景和想象中的天上地下，墓主人期望永远延续活着的时候那种安逸的生活。这

∧花山岩画复制品

∧仰韶人面鱼纹彩陶盆

幅帛画能够保留下来，主要是得益于深埋地下，与空气长期隔绝。

到了东汉，蔡伦的造纸术问世，这就为绘画提供了更适合的材料，这不仅使作画的材料更容易获得，而且画完以后保存的时间也比丝织品更长。什么时候的纸达到了适合绘画的程度呢？目前我们见到的最早画在纸上的画，是唐代宰相韩滉所作的《五牛图》。此后中国在很长一段时间里，绘画的基本用材就保持在绢、纸并用的阶段。

其次是用什么画。中国的毛笔和墨是写字的得力工具，同时也是绘画的基本工具。中国画家注重线条和墨色跟他们手中的工具分不开，中国画使用的色彩颜料来源很广泛，有的来自矿物原料，

∧ 汉代画像石

＞马王堆汉墓帛画

如褐色的铁矿石、青绿色的孔雀石；有的来源于植物，如花红、蓝靛，等等。中国染料画在绢或者纸上的时候，一般是用水调和，这样能在绢、纸上形成一种墨晕，具有独特的艺术效果。但是在画壁画的时候，需要在颜料中增加胶的成分，既能增强黏连性，还能使壁画的画面显现凸起的效果。

最后是谁来画。远古时代的岩画，是由巫师来画的。那是当时部落里的能人，会说、会唱、会跳，还得会画画。用今天的观点说，是全才型的人物，因为他们的任务是与神沟通。到了南北朝至隋唐时期，绘画成为记录朝廷大事的一项工作，画师的地位也相当于史官，是官员在作画，有的画师做到了宰相的高位。唐朝以后，也出现了一些没有官职的画工，他们的身份和收入就比较低了。宋代以后，画师队伍发生分化，一部分人进入了皇家画院，领固定的报酬，吃穿有保障。这些人作画可以不计时间成本和数量，几年画一幅精品，画得让皇帝满意了，还有额外的赏赐。而另一部分民间画师，就靠包揽画画工程活，或者自卖自画为生。他们作画的内容，也就从记录宫廷大事、宗教形象，延伸到日常生活、花鸟虫鱼、山川河流。像明代的唐寅、清代的"扬州八怪"，就是自己创业的民间画师，有的人名气很大。到了近代，就有了像齐白石那样名气大，收入也拔尖的民间画师。

中国古代绘画起源很早，几千年前的先民们就在岩石上涂画质朴的图案，在陶器上描绘美丽的纹饰，在青铜器上刻铸纷繁的花纹与图案，这些作品使我们得以一窥早期绘画的面貌。后来随着绘画工具和绘画材料的进步，于是又有了绢画、帛画，乃至后来的人物画、山水画和花鸟画。但是这些不同时期的作品，经历悠长岁月的洗礼，即使躲过战火兵焚、天灾人祸，也难免陈化褪色，能流传下来是很不容易的。那么这些作品是如何保存的呢？

这些不同时期的作品，经历了悠长的岁月洗礼。书画界有一个说法，叫做"纸寿千年绢八百"。时间一久，承载画作的纸、绢都陈腐毁坏了，上面的画也就不存在了。古人的方法就是复制，如拓、临、摹等几种方法。

拓，就是把画作的线条刻在石碑上，然后在石碑上拓印。这和拓印书籍、碑帖是同一个办法。而对于画作来说，不走样是做到了，可是也存在两个问题：第一是这画幅不能太小，因为太小了雕刻不上去；第二是无法呈现颜色，只有黑白两色。

临，是指看过原画以后，照着原画

再画一幅。在临的过程中，也可以根据执笔者的领会，去寻找一种更好的表达。特别是如果原画有一些残缺，临的人也可以凭想象给它填补起来。临有临的优势，但是临也有可能使画的局部甚至大部分脱离原画。这种临的方法，比较适合于受条件限制，难以对原作反复端详的情况下复制。

摹，是照着原作来描画。在外形上必须与原作保持一致，不能改动，至于能不能体现出原画的精、气、神，那就不一定了。

这三种方法各有优点和不足，今天我们所见到的隋唐以前的作品，基本都是借助临和摹流传下来的。有的画作即使原件还在，但是随着时间的推移，纸张或者丝绢逐渐泛黄，乃至变成褐色，同时画卷上原有的图案着色也褪去了，使得整幅画不那么容易识读。

绘画属于美术。美，首先就要赏心悦目，看着就好看，感觉到舒服。但是我们欣赏中国古代绘画的时候，就要克服这种视觉的直观感受，理解岁月带来的痕迹，用我们的心灵与祖先的审美进行沟通。因此欣赏古代绘画与现代作品不同，对古人的理解和对历史的敬重，要重于对线条和色彩的欣赏，它带给我们的那些历经千百年珍贵而隐秘的信息是现代作品无法取代的。

中国古代绘画在漫长的历史时期不断发展，达到了极高的艺术水准，表现出独特的审美情趣和艺术追求，和同时期的西方绘画有着鲜明的区分。因为东西方文化和传承的不同，绘画工具和使用材料的不同，东西方绘画走上了截然不同的发展道路。那么东西方绘画在表达手法上存在着哪些差异呢？

第一，西方绘画主要以明暗的变化来表现物体，而中国画则是擅于用线条来表现。传统的西方绘画包括油画、水彩画、水粉画等，虽然它们使用的材料不一样，但是对物体的表现，都是通过色彩的明暗变化呈现出来。中国画主要是用毛笔，更多的是用线条来表现。尤其是到了唐初吴道子的时候，有一种说法叫"吴带当风"，就是说吴道子画的衣带线条灵动，好像被风吹动一样，把线条飘逸之美运用到了极致。

《八十七神仙卷》很好地体现了唐代运用线条表现的手法，这幅画正是唐末时期，在吴道子影响下的作品。也就是说，这幅画还不是吴道子的原作。这种表现手法呈现出的不管是人物还是花鸟，都是没有影子的。

∧《八十七神仙卷》局部

∧ 慈禧油画画像

据说当年美国画家凯瑟琳·卡尔来为慈禧画像，她按照西方油画的方法，为表现出面部的立体感，画出了阴影部分，结果惹得慈禧勃然大怒，最后只好把脸部画成平光的。当然，中国古代绘画也使用墨色的深浅、明暗，但只是为

了表现物体表面的色差或是远近的层次，独独缺少了凹凸的立体感。

第二，西方绘画比较注重视觉冲击，以满为主，就是视力所及的画框内都要画满；而中国画注重韵味，常常留白，所以在画作的布局上，为了突出主题，会把一些无关的内容省略掉，留出大量的空白。这些空白要表达什么呢？就由欣赏者自己去理解体会。比如后面会讲到的《虢国夫人游春图》，画面上没有一棵草，没有一朵花，只有人物和马匹，那么春天在哪里呢？就在画中人物的情态之中，用她们的表情来体现春的存在。

第三，西方的绘画往往是单视线焦点，物体之间更注重透视关系。中国画经常是多视线焦点，透视关系相对弱一些。例如《姑苏繁华图》是一幅十米多长的画卷，人们在打开画轴欣赏的时候，欣赏者的视线焦点也随着画面的推进而移动。一幅大的山水画，也常常是平远与深远相结合。中国画有时候在描绘对象的比例关系上，会有一定程度的夸张。比如说，体现主题的部分可能画得大一点，不属于主体的部分就画得小一点，甚至省略。这样看起来好像不符合人们的视觉习惯，但是在艺术上又是可以接受的。比如说画人物画，主要人物就会画得高大一些，其他人物画得就矮小一点。在山水画上，为了表现整座山的态势，就把山画得小一点，因为山太大了就看不出全部面貌。把山画小，但是树的大小没变，由此导致树与山的比例不合适，这样处理虽然不符合人们现实中的实际感受，但符合人的视觉感受，反而达到了更好的艺术效果。

第四，传统的西方绘画讲求形似，而传统的中国画更注重神似。传统的西方绘画写实到什么程度？画得跟相片一样。而中国画往往更追求神似，特别是写意，画的是意境，是精神本质的体现。实际上，在照相机发明以后，西洋绘画在寻找现实主义以外的表现手法的时候，现代西洋画已经不那么形似了。

第五，西方绘画往往是单纯的画，而中国传统绘画讲究的是诗、章、字、画的结合。中国传统绘画的一幅作品，除去主体形象的绘画以外，往往还配有说明，或者抒情的文字、诗歌，作者或者收藏者还会把自己的印章盖在画上。尤其是有些传世之作，还会有很长的跋文，记述收藏者或者观赏者的感受、收藏经过，等等。例如像《清明上河图》，该画的原作有五米多长，但是跋文就有六米多长，这些附加内容有时候又成为判断画作真伪和年代传承的一个重要依据。

中国古代绘画和传统的西方绘画属于不同的美学体系，体现出不同的美学追求，因此在艺术特点上有鲜明区分。不同的审美情趣来自不同的审美爱好，艺术的差异来自环境的不同，审美情趣也因人而异。中国古代绘画和传统西方绘画有各自的侧重，体现了不同的美学追求，通过它们不同特点的比较，我们可以对中国古代绘画有一个感性的认识。但仅仅有这些感性认识，我们还不能真正了解中国古代绘画。那么，我们还需要了解什么呢？

欣赏中国古代绘画还需要了解一些有关的历史知识，因为中国古画与宫廷、民间的重大事件有着密切关系，所以要了解书画内容，没有一些相关的历史知识的储备，就不能够完整地领略其中的真实内涵。那么，欣赏中国古画，需要有哪些知识储备呢？

其一，要了解时代发展的脉络。比如《清明上河图》所反映的是北宋年间开封的经济繁荣情况，有些年轻人不以为然，简单地认为除了河里面的船有点热闹以外，现在随便哪个农贸市场都比《清明上河图》里面的经营种类丰富。可是大家要知道，北宋以前的城市和现在不一样。唐代长安城很大，分为若干个坊，坊与坊之间有墙隔着，而且各自还有坊门，晚上关起门实行宵禁，男女老幼，天黑了不准出门乱转。而在《清明上河图》中，坊已经不存在了，特别是虹桥左右的市场，是在城门外新开发的市场，已经没有了坊的限制，城里面的街市当然更为繁华。再者，把张择端的《清明上河图》与明代仇英款的《清明上河图》，还有徐扬的《姑苏繁华图》连起来看，那就是一部生动的中国古代商品经济发展史。宋代是商业繁荣的开端，但基本是小本生意，自产自销。到了明代，经营项目大大增加，城市里已经繁荣到房子不够用了，甚至有一个学校紧挨着青楼。这在中国古代是要回避的呀，它俩怎么会成了邻居呢？就是因为房子太紧缺了。到了清代，苏州成了大宗商品的集散地，全国各地名牌货在这里都有批发销售商。由于城市的发展，宋代时为开封提供粮食的苏州，到了这个时候，已经需要购入粮食了。所以，这反映出了一条经济发展脉络。

其二，要了解具体事件的缘由。比如有一幅古画《迎銮图》，它记载的就是南宋初年的一件大事。北宋京城开封被金人攻陷以后，徽宗、钦宗被俘，赵构在仓促之中接过帝位，但此时他面临的是外有金兵追击，内有权臣作乱。直到金兵退出江南以后，才在杭州落稳脚跟。绍兴十年（公元 1140 年），金兵又一次大举南侵，但是这一次各路金军连续遭受失败。岳飞率领岳家军，取得了郾城大捷，先后收复了郑州、洛阳等城市。就在战局有望继续推进的背景下，宋高宗赵构为了维护自己的帝位，杀害了岳飞，以割地、称臣、纳贡为代价，换取了金国对自己在淮河、大散关一线以南的统治权的承认。在和议中，宋高宗向金人提出放回自己的母亲韦氏，归还父亲宋徽宗的尸体。《迎銮图》画的就是宋高宗率群臣迎回母亲和父亲灵柩的时刻。一个重大而屈辱的历史事件通过画面表现出来，无论是古代还是现代、画里还是画外的人，在情感上都是五味杂陈，一言难尽。至于宋高宗，应该还是把保皇位放在第一。

当年身处北国的宋钦宗听说韦氏要回

江南，就托她带话给宋高宗，"归语九哥与丞相，我得太乙宫使足矣，他不敢望也"。（陈邦瞻《宋史纪事本末》）意思是我回来以后，当个太乙宫使就足够了，不会觊觎皇位。太乙宫是宋朝贵族们在休闲的时候避暑吟诗的一个场所，钦宗以此来表达自己不再参与政事。但是韦氏回到南宋以后，这件事就再也没有下文了。

另外再说一点，有关历史事件的绘画与新闻纪录片还不一样，因为它通常表达的重点在于气势，所以画面场景不一定跟现场原型一模一样，《迎銮图》的画面和实际情况也不一样。根据《宋史·高宗本纪》的记载，南宋朝廷是先接纳皇太后韦氏住进慈宁宫，又过了七天，高宗换上丧服，才去接父亲和皇太妃的灵柩。《宋史·志·礼》上面记载穿的是"缌服"，就是麻做的衣服。披麻戴孝，属于丧服。而《迎銮图》的作者为了省事，把前后两次活动画在一起了，这也给自己出了一个难题：宋高宗该穿什么衣裳好呢？从画

卷上看到，高宗皇帝穿的依然是红色的朝服，这显然太不把他爹当回事了。这样安排画面是否妥当，也只有见仁见智了。

其三，要了解人物的历史背景。中国有些画作是帝王直接指令下的现场记录。比如说元代的《佛朗国献马图》，记载的是元惠宗的一次重要的外事活动。画卷反映了元惠宗至正二年（公元1342年），来自欧洲的佛朗国使臣向元朝廷进献名马，元惠宗接见佛朗国使臣这样的一个历史场景。元惠宗有两个庙号，还有一个叫元顺帝，是朱元璋封的。佛朗国，有学者认为是芬兰，也有人说是欧洲人或者是教皇派出的使节。元朝疆域广大但缺乏制度建设，从忽必烈建立大元定都大都（北京）到元朝结束，跨越九十八年，出现了十一位皇帝。元惠宗是元朝历史上在位时间最长的皇帝。元惠宗之所以在位时间这么长，和蒙古族一位杰出的宰相脱脱有密切的关系。脱脱死了以后，元朝再没有出现能够扭转乾坤的关键人物，它的衰落也就不可

避免。所以，从《佛朗国献马图》画里的堂皇和排场中，我们又能感受到其中透着一种无可奈何的颓势。

　　东晋的顾恺之有"中国画祖"之称，顾恺之的原作早已失传，今天我们看到的是后世的摹本，但是也能让我们领略到顾恺之画作的精妙。《晋书》中评价顾恺之是"尤善丹青，图写特妙"，下篇我们一起欣赏他的传世作品《洛神赋图》。

第二章

凌波微步

洛神来

LINGBO
WEIBU
LUOSHEN
LAI

《洛神赋图》

（东晋）顾恺之

《洛神赋图》（第一卷）宋摹，中国第一幅改编自文学作品

的画作，中国十大传世名画之一，绢本设色，长 572.8 厘米，

高 27.1 厘米，现收藏于北京故宫博物院。

手机扫描二维码
可欣赏高清长卷

曹植，三国时期著名文学家，那首妇孺皆知的《七步诗》相传乃他之作，其实，他还有另一篇家喻户晓的文章《洛神赋》。在《洛神赋》中，曹植用极尽华丽而浪漫的辞藻来形容他心中那位衣袂飘飘的洛水之神，她既有"明眸善睐，靥辅承权"的卓越风姿，更有"凌波微步，罗袜生尘"的灵动风采。曹植对她魂牵梦萦，倾心不已，但最终二人却被迫分离，只能隔着洛水含情凝睇。从古至今，这篇赋文中的绝代佳人与缠绵哀婉的爱情故事，打动了无数文人墨客。东晋画家顾恺之更是深受其才、其情所感，于是挥毫泼墨，绘就了一幅流芳百世的传奇画作《洛神赋图》，他将曹植的诗情完美融合于画意之中。那么，这幅《洛神赋图》究竟应该如何品读？洛神对曹植而言，究竟意味着什么呢？这幅画作背后还有哪些不为人知的历史真相？

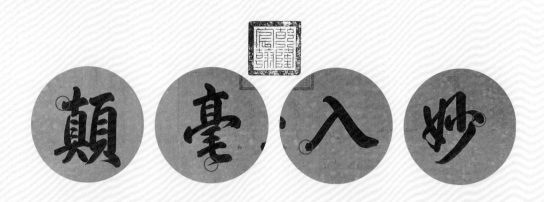

顾恺之是中国绘画史上一位既知道姓名，又能见到作品的画家，但是我们今天所能见到的作品是通过后人临摹才得以保存到现在。古代还没有印刷术时，一幅名画你也临摹，我也临摹，一幅画变成了一堆画。好处是在各种战乱、灾难时期，虽然有损毁，但总能留下几幅；缺点是留下的这几幅画里面，哪个最接近原作，只能由研究学者见仁见智了。《洛神赋图》也同样如此，原本清宫里有一幅《洛神赋图》的画卷，后来乾隆五十一年（公元1786年）又得了一幅。于是，乾隆为第一幅画题写"洛神赋第一卷"，第二幅画的画面上书写了曹植的《洛神赋》全文，乾隆题为"洛神赋第二卷"。本文介绍的是《洛神赋图》第一卷，残破较少，画卷较为完整。《洛神赋图》第二卷现收藏于辽宁省博物馆，画卷长约646厘米，高约26厘米，绢本设色，虽然在卷首部分残破较多，但在人物形象的勾勒上，更富有美感。在画卷的内容结构、人物体态上，两幅图基本一致。此外，还有一幅美国弗利尔美术馆的藏本，比前面两幅内容略少一些，画幅长度也要短一些。

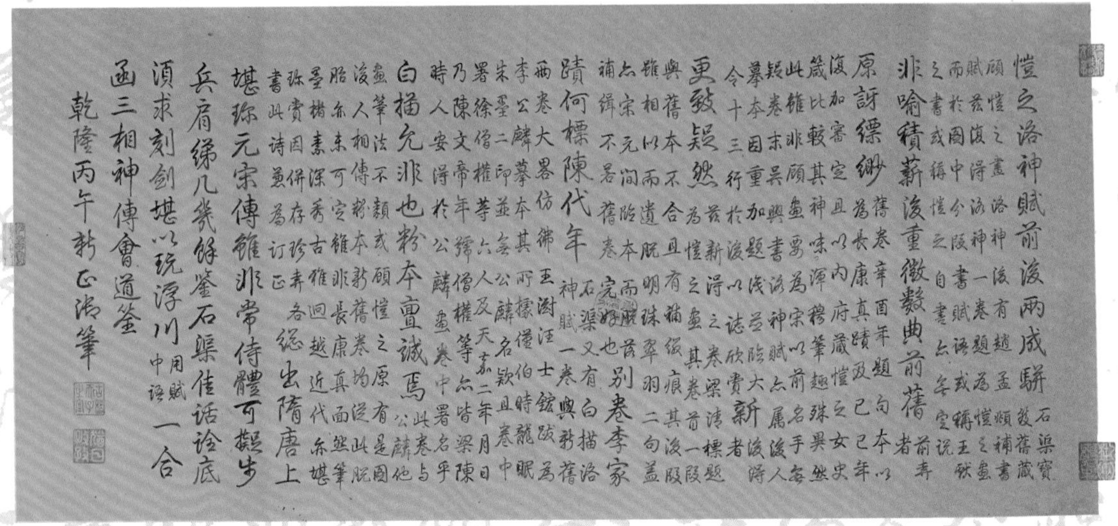

愷之洛神賦前後兩戌駢
非喻積薪後重徵數曲前舊
原詩縹緲
今擧摹此箴雖三因末吳顧其畫行校加題書
更發一咏興舊
蹟何標陳代年
白描非也粉本宣誠寫
時乃署朱李兩公
書孫詩因素束相傳法
媟珎元宗傳雞非常侍體可擬步
兵府綠幾餘佳話石渠佳話論底
湏求刻創堪以玩浮川用賦一合
函三相神傳會通鑒
乾隆丙午新正澣筆

石渠洛神藏二圖長康繪事公麟仿茲復得一仍愷之題詞鑒跋
相標榜舊弆非真見
睿題新圖一手如出兩白描六非頩卹長梁陳時日多霄壤筆墨古
雅楮素佳臨摹應在隋唐上採珠拾翠或摸糊春松秋菊堪
神洼三而一焉合貯宜分題屬賦欣
宸賞
臣和珅敬題

是卷用筆設色非近代繪法特李息齋雲伯生蕣跋並
以為顧長康作未識何援內府別藏圖偶
一展閱其神味渾穆筆趣六異是卷乃悟前人評鑒多
涉傅會然要為宋以前名手無疑也卷末吳興書洛神賦
當六屬後人摹本于陷大令十三行既竟復加審定輒識
數語以示具正法眼藏者乾隆御筆

賦本無何有圖癨色卬空傳
神惟夢為搆快羨驚鴻子建
文中俊長康畫裏雄二難今
茲美把卷拂靈風
乾隆辛酉小春御題

由于这幅画涉及的历史文化背景比较复杂，所以在了解画的内容之前，首先给大家介绍与画有关的两位才子。

第一位才子是曹植。曹植，字子健，曹操的第三个儿子。曹植自幼就表现得特别聪明，能背会写。有一次曹操读了他的文章问："这是不是别人给你写的？"曹植回答说："话说出口就是论，下笔写出来就是文章，您只要当面考考我就知道了，我才不会请人代作呢。"后来曹植长大了，在文学上很有成就。清初的文学家王士禛把他和苏轼、李白并列，称他们是"仙才"。曹操起初很喜欢这个聪明的孩子，但是生逢乱世，曹操更重视的是指挥作战、运筹帷幄的能力，为此不惜让儿子到军前去锻炼。但是曹植好喝酒，耽误了几次作战任务。这样做的好处是不会牺牲，缺点是干不成事，在这一点上，曹植远不如比他大五岁的哥哥曹丕。早在建安十六年（公元211年），汉献帝就封曹丕为五官中郎将、副丞相。而曹植则是只

有爵位，没有职务。在政治方面，这两个人根本不在同一水平上，也就不存在曹丕与曹植争夺帝位的情况。至于"煮豆燃豆萁，豆在釜中泣"的七步诗，最早见于南北朝时期的笔记小说《世说新语》。今天我们把《世说新语》作为了解魏晋时期社会生活的基本素材，其中有些内容是穿凿附会，不能当真。后来这个故事被写进了《三国演义》，而且把这首诗改得更加顺口，但并非真有其事。

曹植作为官宦之后，如果只是写写文章，过过日子，生活也挺安逸的，可是他偏偏又觉得自己还有统帅的能力，非要表现一番。建安二十四年（公元219年），曹操又给了他一次机会，让他做南中郎将、征虏将军，带兵去救曹仁，结果曹植再次因喝酒误了事。从此再没有人相信他，而他自己总自我感觉良好，说要**"戮力上国，流惠下民，建永世之业，流金石之功"**。（曹植《与杨德祖书》）意思是要建立伟大功业，能刻石留名，传之

万世。怀着这样的愿望，又面对自己无所作为的现状，曹植感觉非常的郁闷。《三国志》中记载，曹植"常自愤怨，抱利器而无所施，上疏求自试"。意思是经常感到自己的才能得不到发挥，通过上疏希望能给自己展示能力的机会。结果曹操不理他，曹丕也不理他，到了曹丕的儿子曹叡，还是不理他。曹植因此郁郁不得志，而现实生活中又有原配夫人被曹操赐死、长子和两个女儿夭折等诸多不顺心的事，年仅四十一岁就过世了。

戮力上国，
流惠下民，
建永世之业，
流金石之功。

谢灵运曾评价曹植"天下才有一石，曹子建独占八斗"，王士祯更是盛赞其为"仙才"，七步成诗、才高八斗是这位大才子留在世间的辉煌背影。他写就的《洛神赋》《登台赋》等名篇佳作，虽历经千载，依然熠熠生辉。满腹才学的曹植年轻时也萌发过横刀立马、建功立业的豪情，他不仅热衷于饮酒赋诗，也希望能驰骋疆场，然而，等待着他的却是失意的人生与不断改封迁徙的命运。那么，辞藻清丽、凄婉动人的《洛神赋》究竟是他在什么情况下写就的？百年后，这篇脍炙人口的文章又是如何被画成一幅惊艳世人的《洛神赋图》的呢？

　　黄初三年（公元222年），曹植到京城洛阳觐见魏文帝曹丕，在返乡途中经过洛水的时候，有所感怀，写下了《洛神赋》这一名篇。洛神是上古时代传说中的洛水之神，据说还是一位女性神。好像大家一般对男性的河神印象不太好，所以战国时期西门豹治邺，还专门惩治了为河伯娶妻的巫师，但是仪态万方的女性河神就特别受欢迎。《诗经》中有汉水女神；屈原的《九歌》中有湘水女神，就是湘夫人；洛水流经重要都城洛阳，洛神的资历就更不一般了，据说是上古伏羲氏的女儿，溺于洛水化为神，称为"宓妃"，这就更容易引发人们怜爱之心。

曹植写的《洛神赋》，全文除去开头和结尾，用了六百多字描述了洛神的容貌和略带高冷的风度，把洛神描写成美丽至极、魅力四射的女神，并且表达了自己为之吸引，但最终又遗憾分手的内心状态。辞藻华美而生动，堪称无与伦比。他是这样描写的："翩若惊鸿，婉若游龙。荣曜秋菊，华茂春松。仿佛兮若轻云之蔽月，飘摇兮若流风之回雪。远而望之，皎若太阳升朝霞；迫而察之，灼若芙蕖出渌波。"形容洛神飘然而来像是被惊起来的鸿雁，隐隐约约又婉约如游龙。容貌仿佛是秋日的菊花，体态犹如春松；若隐若现好像浮云蔽月，飘忽不定又像风吹回雪；远远望去，好像太阳初升映出的朝霞；走近了看，又像碧波中盛开的荷花。

"秾纤得衷，修短合度。肩若削成，腰如约素。延颈秀项，皓质呈露。芳泽无加，铅华弗御。云髻峨峨，修眉联娟。丹唇外朗，皓齿内鲜，明眸善睐，靥辅承权。"是说她身材胖瘦匀称，个头高矮适中；溜肩细腰，脖子显长而且很白；皮肤娇嫩不施脂粉铅华，发髻如云，眉毛微曲；嘴唇红而亮，牙齿洁白，眼神灵动，酒窝位置都那么合适。从这个描写来看，古今美女的形象还是有共通性的。

就《洛神赋》全文而言，联系到曹植自认为有能力而得不到认可的境遇，可以理解为他是把自己的理想追求比喻为一个美女，纵有机缘却又擦身而过，被深深打动又无法拥有。

顾恺之作为东晋时期最负盛名的大画家，其人博学多才，诗文书画无一不精，在历史上享有"才绝、画绝、痴绝"的美誉，他提出的"迁想妙得""以形写神""凡画，人最难，次山水，次狗马"等关于绘画的诸多理论，都深刻影响着中国古代绘画史。隋唐以后，在许多大家的画中，都或多或少地留有顾恺之的绘画技巧和风格，他尤擅长人物画，对人物画有独到的理解，认为人物画重在传神，传神重在点睛，其名言"传神写照，正在阿堵之中"，意在强调画中点睛的重要性。后人评价他的画作意存笔先，画尽意在，线条紧劲连绵，如春蚕吐丝、春云浮空、流水行地，自然流畅。目前相传为顾恺之作品的摹本，有《洛神赋图》《女史箴图》《斫琴图》等，均为中国古典绘画中的瑰宝。

文学才子曹植优美的文字和情感表达，深深打动了一百多年后又一位才华横溢的男人，这就是在东晋为官，有"画圣""画祖"之称的顾恺之，这也是本文要介绍的第二位才子。没有他，《洛神赋》也变不成《洛神赋图》。

顾恺之，字长康。生于官宦之家，生活在东晋中后期。长期在权臣桓温、桓玄手下参谋军务，也曾经做过规劝皇帝过失的散骑常侍。当时人称顾恺之为才绝、画绝、痴绝"三绝"。他有时候特别会装，别人也常常和他开玩笑。有一次顾恺之在月下吟诗，一首接一首，邻居谢瞻听了以后，就在隔壁拍案叫绝，顾恺之越朗诵越起劲。谢瞻喊了一会儿累了，于是自己回去休息，让仆人继续拍着桌子叫好。顾恺之听见叫好声不断，一首接一首地念，念了整整一夜。

另外，顾恺之还特别迷信一些小法术。有一次，桓玄拿了一片叶子给他，告诉他这是蝉遮挡身体的叶子，如果拿着它，旁人就会看不见。顾恺之真相信了，桓玄也假装看不见他。

还有一次，顾恺之把自己的一柜子画交给桓玄，他知道桓玄很贪婪，怕他偷画，于是仔细把柜子封得严严实实。可是桓玄没有动前面的题封，而是从柜子后面拆开，把画盗走了。过了一段时间，顾恺之来取画的时候，发现柜橱里的画全没有了，空空如也。顾恺之说：看来我的画通灵气，就像人能变幻为仙一样，凭空消失在眼前了。

顾恺之在桓温府上的时候曾经说："我身上痴愚、聪慧各占一半，综合评定的话，我也就是个平常人罢了。"其实顾恺之是在装傻，是生逢乱世时保全自己的一种手段。顾恺之不仅善于绘画，而且对绘画理论还有一定的研究，传世有《论画》一文。他主张人物画要以形写神，重视对面部和眼神的刻画。后人传说，顾恺之的母亲去世比较早，他要为母亲画一幅像用来祭奠。父亲告诉他，母亲长得脸蛋像外婆，身材像姨妈，表情像外公。他综合这几个人的特点画出来以后，父亲说不像，又告诉他，母亲的眼睛平时看像姨妈，微笑的时候又像外婆。于是顾恺之又多次修改，画出来终于得到了大家的认可。

遗憾的是，由于年代久远，今天我们所能见到的顾恺之画作，都是后人临摹而成。《洛神赋》作为一篇文学作品，每一位读者都有充分的想象空间，人们读着曹植优美的句子，在自己的内心描绘出心中的洛神。可是要想把它转化为美术作品，就要有一个具体的形象，这个形象能不能被每一位读者所接受呢？画出来的这个人，就是我心中的洛神吗？所以，把文学作品变为具体的绘画形象，并不是一件容易的事。顾恺之创作的《洛神赋图》基本是按照曹植《洛神赋》的内容，一段一段地给予表现，但是也增加了自己的揣摩创造，如洛神骑着凤鸟来与曹植告别，使整幅画更合乎情理。再者，后人不断地临摹这幅画，也足以说明顾恺之创作的洛神形象得到了大家的认可，同时也给我们留下了一个参考的样本——魏晋时期的美女就是这个样子。另外，画中的风神脚踩云朵，云彩相当于中国古人为神仙设计的交通工具，所以中国古代的神往往都是站着行进的，这一点和西方超人趴着飞是完全不一样的。

曹植在《洛神赋》中天马行空的文采与怅惘凄婉的情思，穿越时间的长河，打动了一代画圣顾恺之，于是他大笔一挥，一幅流传千古的《洛神赋图》便横空出世。它是两位大家跨时代的结合，是文学之美和绘画之美的巅峰之作。这幅画作将多年来萦绕于人们心头仙气缥缈的洛神化为了灵动具体的形象，而它所展现的那段洛水之畔的凄美爱情，更是引来了世人的无限遐想。那么，为什么民间认为洛神是宓妃的化身？这个说法又是否经得起推敲呢？

顾恺之去世后又过了两百多年，生活在唐代的知名学者李善在注释《昭明文选》的时候讲述了这样一个故事，说曹植仰慕袁熙夫人甄氏的容貌，想纳娶为妃，结果在战争中曹丕先攻入了袁熙的府中，抢先一步将甄氏纳为自己的夫人，成为甄妃。后来曹丕对甄妃厌倦了，又将她赐死。据说当曹植入朝拜见曹丕的时候，曹丕还拿出甄妃曾经使用过的玉镂金带枕给他看，惹得曹植泪流满面。

而当天晚上，曹丕的儿子曹叡宴请叔叔，就干脆把枕头送给了曹植。曹植抱着枕头返回封地，经过洛水的时候梦见甄妃前来与他幽会，他有感而发，于是写下《洛神赋》。

李善讲的这个故事从何而来？反正《三国志》里没有，李善也没说从哪来的。唐代的文化繁荣，文人们不仅喜欢吟诗作赋，还爱编故事，因此小说开始繁荣起来。当时讲的传闻故事，类似于我们今天的段子。在这个传闻故事中，洛水女神就成了一个真人的化身，就是甄氏。其实仔细想想，这件事很不合理，曹丕把枕头拿给曹植看，这本身有点炫耀"绿帽子"的意思，而曹叡怎么会去喜欢一个跟自己母亲有关系的叔叔？这事即便是发生在老百姓家里都会兄弟反目，更何况是曹丕、曹叡两代帝王，所以这件事虚构的成分太大。甄氏是东汉末灵帝时出生，父亲曾经做过县令，汉献帝时候嫁给了袁绍的二儿子袁熙。建安九年（公元204年），曹操攻破邺城，将她许配给曹丕为妾。从这段经历来看，甄氏在曹家的地位，也就是个"战俘"。后来甄氏为曹丕生了一男一女，地位有所改善，曹丕也休掉了自己的原配任氏，将甄氏转为正室夫人。曹丕称帝以后，又获得了原来汉献帝的两个女儿。曾经有首歌这么唱："由来只有新人笑，有谁听到旧人哭，爱情两个字好辛苦。"皇帝的爱情并不辛苦，曹丕不想听旧人哭，于是就把甄氏给赐死了，据说死得还很惨。后来甄氏的儿子曹叡（魏明帝）即位，追封生母甄氏为皇后。观其一生，也是磨难不断，坎坎坷坷，所以甄氏死后，逐渐被人附会为女神，与洛水之神混同起来。

晚唐诗人李商隐还写了几首诗，进一步"坐实"了李善的传说。"飒飒东风细雨来，芙蓉塘外有轻雷。金蟾啮锁烧香入，玉虎牵丝汲井回。贾氏窥帘韩掾少，宓妃留枕魏王才。春心莫共花争发，一寸相思一寸灰。"（李商隐《无题》）这首诗把枕头的事再次写了出来，"贾氏窥帘韩掾少"说的是《晋书》里记载少女贾午与韩寿私通的故事，这件事倒是有据可查，真事假事掺和在一起，就更容易让广大受众以假当真了。李商隐的另一首《东阿王》诗还提到"君王不得为天子，半为当时赋洛神"。意思是说这个事情连曹操都知道了，所以才没有把位子留给曹植。

飒飒东风细雨来，芙蓉塘外有轻雷。
金蟾啮锁烧香入，玉虎牵丝汲井回。
贾氏窥帘韩掾少，宓妃留枕魏王才。
春心莫共花争发，一寸相思一寸灰。

传得这么热火朝天，这个故事到底从何而来？有的研究者认为是尊崇刘氏为汉室正统的人编撰出来的，目的是抹黑曹操一家。

唐代志怪小说集《酉阳杂俎》中还讲了这么一个故事。西晋时候有一个叫刘伯玉的人，特别喜欢在妻子面前朗诵曹植的《洛神赋》，每次朗诵完了都大声地感叹说："娶妇得如此，吾无憾焉。"意思是我要能娶上这样的女人，就没有遗憾了。他的夫人段氏就说："君何以水神善而欲轻我？吾死，何愁不为水神。"意思是夫君为什么要如此推崇洛水女神而轻视我呢？如果我死了，也会成为水神。当天晚上，段氏就投河自杀了。死后的第七天，刘伯玉做了个梦，段氏找他来了，"君本愿神，吾今得为神也"。意思是说，你喜欢神，我现在是女神了，你可喜欢？刘伯玉一下子惊醒过来，从此这辈子再也不敢过河。

千百年来，由《洛神赋图》引出的种种民间传闻和离奇故事，大多来自世人的虚构与猜想。"贾氏窥帘韩掾少，宓妃留枕魏王才。"寄托的不过是人们对于才子佳人浪漫爱情的美好想象。曹植借助文字表达了自己失意的人生与伤感的情怀，而顾恺之则用画面将这种惆怅的情意与哀伤的基调无限拓展延伸开来。才子作赋，才子绘图，两位才子珠联璧合成就了这幅千古名画。透过这幅《洛神赋图》摹本，我们得以窥见一代画圣的笔墨神韵。那么，我们究竟应该如何欣赏这幅传世画作，后世又是如何断定《洛神赋图》原作乃顾恺之所绘的呢？

《洛神赋图》采取了类似连环画的手法绘出，同一人物随着时间推移反复出现，谱写出一段爱情神话。我们先将全画分段细细地看一遍。

——— 第一段 ———
初见洛神

曹植一行人从洛阳出发，走了一路，人困马乏，于是放马吃草休息。正在此时，洛神突然现身，众人都很惊愕。从画上能看出当时在绘画技巧上，人物形象的绘画水平是高于山水树木的，对山水树木的绘画水平还处在比较稚嫩的状态。

∨ 初见洛神

人神相会

这一段应对《洛神赋》中对洛神形象的描写，把"翩若惊鸿，婉若游龙""荣曜秋菊""华茂春松"等形象具体化了，再次出现了曹植与洛神的会面，表现出曹植想与洛神交往，但人神隔绝、无法交流的状态。在绘画上是以线条勾勒人物，然后再平面着彩，使人物形象更完美。

∧ 人神相会

∨ 众神欢愉

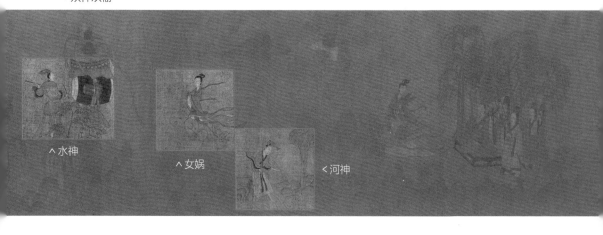

∧ 水神

∧ 女娲

< 河神

众神欢愉

　　洛神和其他神灵一起飘动，表现出"尔乃众灵杂沓，命俦啸侣"，其中风神在收风，脚下有流动的云。一起嬉戏的两位女神是汉水女神和湘水女神，《诗经·汉广》中说**"南有乔木，不可休思；汉有游女，不可求思"**。游女是汉水边上一个樵夫的心上人，在汉代以后就被神化成了汉水女神。河神在水边抚平波浪。脚下踩兽的是女娲，女娲在歌唱。水神在鸣鼓。画卷里洛神几次出现，在空中、山间、水里若隐若现。通过女神与众神欢乐、嬉闹的场面，为洛神与曹植最后分手起了铺垫和衬托的作用，烘托出洛神的无奈与纠结的内心状态。

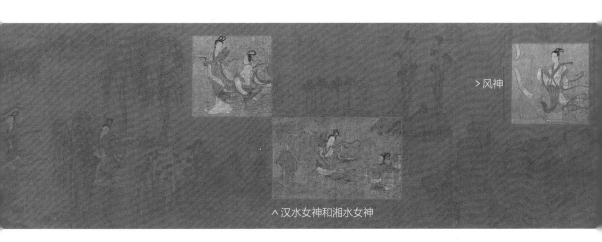

> 风神

^ 汉水女神和湘水女神

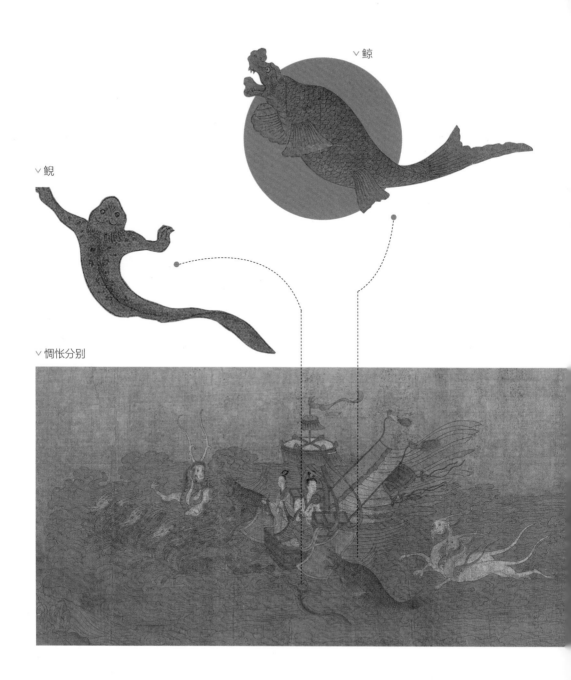

∨ 鲸

∨ 鲵

∨ 惆怅分别

―――― 第四段 ――――

惆怅分别

这段是全画中最精美艳丽，也是最高潮的部分。在洛水边，骑乘凤鸟的洛水女神与曹植告别，然后乘坐龙车而去。龙车前面有龙驹牵引，两边有鲸、鲵和飞龙护卫。《洛神赋》中所说的鲸，是鲸鱼；鲵，是娃娃鱼。这两种动物顾恺之没有见过，他就凭自己的想象来绘制，用组合的方法把鲸想象成豹头鱼身，而鲵近乎于人鱼组合，所有这些都在云和水浪的衬托之下，以显示行进速度非常之快，离别场面非常热闹。

∧ 怅然归去

——— 第五段 ———

怅然归去

　　曹植乘坐轻舟逆流而上去追赶，希望再次见到洛神的倩影，但是无可奈何，神已离去，追不上了。于是他枯坐岸边，追思等待了一夜。第二天早上，曹植怀着不舍和无奈的心情，坐马车返回自己的领地。这里还有一处细节，曹植的马车轮子是瘦长的椭圆形，难道是顾恺之画不圆吗？有的临摹者曾经把轮子改成圆形，结果改了之后发现，车子前行的视觉动感没有了。

　　最后说一下，怎么断定这幅画是顾恺之所作呢？最早确切地将顾恺之与《洛神赋图》联系在一起的，是元代王恽编写的《书画目录》，这部书是王恽根据自己见到的元代宫廷藏画总结而作。另一本将顾恺之与《洛神赋图》联系在一起的，是汤垕的《画鉴》。有图有证后书后世有关《洛神赋图》的记载，就能名正言顺地与顾恺之联系在一起了。

第三章

丹青宰相 画君王

DANQING
ZAIXIANG
HUA
JUNWANG

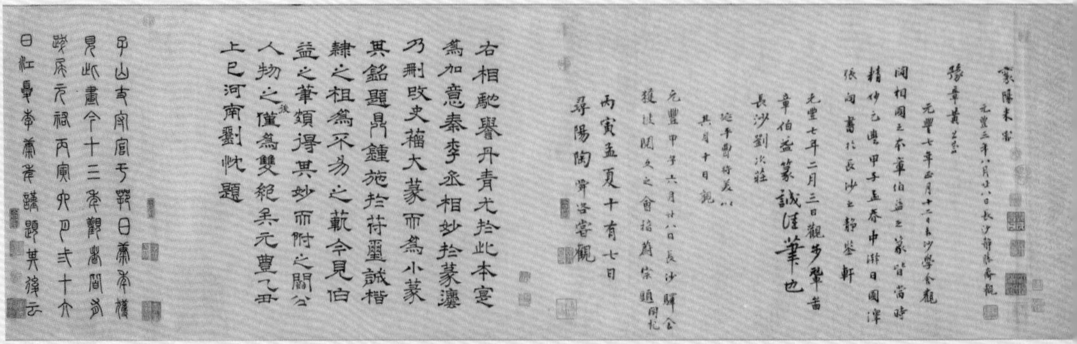

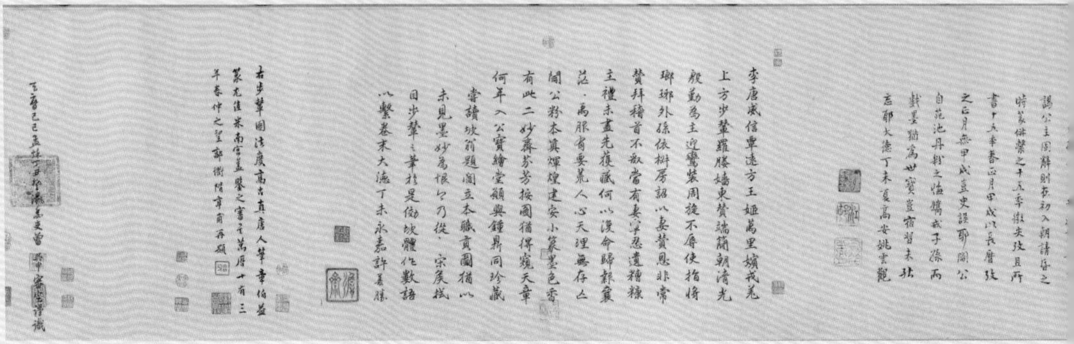

《步辇图》

（唐）阎立本

中国十大传世名画之一，绢本设色，长约 129 厘米，高约 38.5 厘米，现收藏于北京故宫博物院。

天地彌綸除羣戎指掌
中令朝畫圖篆再見虹
須眉
元祐丙寅歲閏月長沙
觀畫張承亮題
元祐丙寅孟夏望日觀於　長沙
丙寅三月同孔武仲觀於
南楚門丹甲鄧慈崖題
縣齋滇汍張　維詮題
三月十音汝陰張叔可題

靜力居士所著名畫舊卷皆佳絕
而眉相閱公所作太宗步輦圖尤為善
本故褙世傳之以為寶晁建安章伯益
復以小篆叙其事拈後拾益用筆圓
逕名閒于時示二事之亞數元祐元年
三月十音汝陰張叔可題

絕藝圖繪萃達所書故于世
好者有之而藏之者少藏者
有之而藏之者少藏者
公好而藏之而又且歲其妙
不亦全之潯古者不亦濟南
林定止仲書

至治三年夏六月日晁憶使孫于聲藏堂品
之忠晉貞題十二年唐陟玟
永公主於吐蕃賢晉大昌到蔡
蛾高主管出達貴龍藝優濟
蘭學氏異和道綠東賢獻至請
余謝員觀八章也怙科校永書二

手机扫描二维码
可欣赏高清长卷

中国古代人物画作品，大多数不仅有着鲜明的艺术特点，有些作品还具有记录当时国家重大事件的作用。唐代画家阎立本所作的《步辇图》便是这样一幅作品。贞观年间，一位吐蕃使臣跋山涉水来到了长安，他此行的目的是要向唐太宗求娶一位大唐公主。这个历史性的会面时刻，被善于丹青的唐朝宰相阎立本记了下来，创作了《步辇图》这幅传世之作。而唐朝开放的胸襟、盛世的风采，也与水墨颜料交错在一起，浸润在这幅艺术价值与历史价值兼备的经典画作之中。在岁月的变迁中，这幅《步辇图》一直被后世所关注。那么，《步辇图》在艺术上究竟有着哪些特别之处？作者阎立本的特殊身份又会给《步辇图》的创作提供怎样的助力呢？

在中国的传统观念中，诗书字画是文人的基本技能，闲来无事泼墨挥毫，才显得品味高雅。唐代张彦远在《历代名画记》中开宗明义："**夫画者，成教化，助人伦，穷神变，测幽微，与六籍同功。四时并运，发于天然，非由述作。**"他强调绘画不只是怡情悦性的事，更具有宣传道德风尚、传播社会文化的功能。作画的人如果刻意追求符合书画的规范性要求，反倒被叫做"匠气"，所以在五代以前，许多画作是出于官员之手，而《步辇图》正是由唐初的宰相阎立本画出来的。当时绘这幅画的目的，相当于现在对重大政治活动拍摄纪录片存档。

《步辇图》整个画面比较简单，从中间分开呈左右两部分，画面的右侧是九位宫女，簇拥着中间坐在步辇上的唐太宗。左侧是鸿胪寺官员、吐蕃使者和鸿胪寺的翻译。这幅画突出地描绘了吐蕃使者禄东赞和唐太宗两个重要人物，整个事件的背景还涉及没有出现在画卷上的松赞干布和文成公主，还有作者阎立本自己。

阎立本，唐代雍州万年人，也就是今天的陕西临潼人。他出生后的第四年，隋炀帝杨广登基，到了他十八岁的时候改朝换代。阎氏家族自北周起世代高官，阎立本的父亲阎毗，曾娶北周武帝的女儿清都公主为妻。也就是说，阎立本是北周武帝的外孙。他的父亲和兄长阎立德都是著名的工程学家，曾经负责修筑举世闻名的大运河从洛口到涿郡这一段。朝代虽然更迭，阎立本一家老小的技术专长在任何一个朝代都是不可或缺的。唐太宗也对他们委以重任，让阎氏兄弟负责昭陵的修建工作。有这样的家庭环境，阎立本、阎立德两兄弟从小就受到良好的专业教育，阎毗请当时著名的画家郑法士为师，把两兄弟培养成为青史留名的画家。阎立本的绘画作品有《秦府十八学士图》《魏徵进谏图》《北齐校书画卷》《异国斗宝图》《职贡图》《西域图》《永徽朝臣图》等。

阎立本曾到荆州去看后梁画师张僧繇的壁画，开始觉得张僧繇不过是徒有虚名而已。第二天继续去看，发现张僧繇确是"近代佳手"。到了第三天，他再仔细琢磨，才真正领悟到了张僧繇作品的妙处，并且感慨地说，名下无虚士。于是他在那里待了十几天，朝夕揣摩，坐卧观之，不忍离去。

唐太宗在位的时候，阎立本曾经担任过将作少监，奉太宗诏令来画画，包括为唐太宗画像。曾有一次，南山出现了一只猛兽伤害人，太宗派出勇猛之士前去捕获，结果却没有捕到。虢地的王元凤自告奋勇为民除害，一箭射死了这只猛兽。太宗皇帝非常喜欢他，认为这个人很有豪气，于是就让阎立本将他射杀猛兽的场面画下来。阎立本将鞍马、仆从画得栩栩如生，看过这幅画的人，无不惊叹和佩服他的技艺高超。

除去画画技能以外，阎立本在仕途上也是有所作为的。在唐代的史书上也记载了他这一方面的才能，阎立本在唐高宗初年做了工部尚书，直至右丞相。高宗永徽年间，阎立本以河南道黜陟使的身份对官员进行考核，在汴州遇到了一个难得的青年才俊，阎立本对他说：我是一个画师，在我心中有想画的人和不想画的人，而在我想画的人当中，只看一眼便有下笔冲动的人那就更少了，而你就是给了我这种冲动、使我非画不可的人。阎立本认定这位非画不可的人，就是后来的一代名相狄仁杰。当时狄仁杰只是一个任职参军的小官，身份低微，但是从他的眼神中，看不到一丝畏惧强权的情绪，显得极为沉着冷静，阎立本为他的胆量自信所折服。阎立本事后对其他臣僚坦言：被我凝视而毫无动容的人，实在没有见过。后来狄仁杰高居宰相之位，辅国安邦，他处于上承"贞观之治"，下启"开元盛世"的盛唐时代，并且是促成武周政权交还李唐王朝的关键人物之一。

由于阎家兄弟擅长丹青，唐太宗每有重大活动，必要求兄弟两人到场，把重要的场景绘画记录下来。从《新唐书》的记载来看，阎立本是参与了大唐与吐蕃交往的活动的，所以他能够画出《步辇图》上的内容。阎立本爱画画、能画画，但画画在当时的政治氛围下，也给他带来不小的压力。《新唐书》记载，阎立本"既辅政，但以应务俗材，无宰相器。时姜恪以战功擢左相，故时人有'左相宣威沙漠，右相驰誉丹青'之嘲"。也就是说，和军功比起来，阎立本的宰相之位要低一个档次。有一次唐太宗同侍臣们乘舟，在御苑的池中游玩赏景，看到水面上有一只怪鸟随波漂浮，唐太宗拍着船的栏杆叫好，让陪同的臣僚们赋诗赞咏，又让宫人召唤阎立本把怪鸟画下来。宫人们当即向岸上传呼："召画师阎立本到青苑御池拜见皇上！"当时阎立本主爵郎中，听到召唤后急忙赶来，大汗淋漓，立刻俯身在池边执笔描绘起来，同时又满面羞愧不堪。事后阎立本告诫他的儿子说：我小时候是爱读书的，也值得庆幸，我还不是个不学无术的蠢才，我都是有感而发才写文章，在同行里，我写的文章也还算是比较上乘的；然而我最擅长的是绘画，可是它却使我像奴仆一样去伺候他人，这是莫大的耻辱；你们应该以此为戒，不要再学这种技艺了。

夫画者，成教化，助人伦，穷神变，测幽微，与六籍同功。四时并运，发于天然，非由述作。

在中国古代的艺术大家中，有着"右相驰誉丹青"美称的阎立本不仅画艺高超、技法精湛，在官场上也官至宰相之位，虽然在阎立本的心中，他更渴望大家能够看到他在治国理政方面的才华，而不是过多聚焦在他的妙笔丹青，但如今看来，若没有在政治方面的敏锐眼光，阎立本的画作或许也不会如此出众。也正因为他的身份，阎立本的不少创作活动与初唐政治事件有着密切的关系，具有珍贵的历史和艺术价值。据记载，他画过《职贡图》《西域图》《外国图》《异国斗宝图》等，都是通过对边远国家及民族人物形象的描绘，反映唐王朝与各国、各民族之间的友好关系，《步辇图》正是其中极具代表性的画作之一。那么，《步辇图》究竟记录下来怎样的场景？这幅名画的背后又有着怎样的故事呢？

《步辇图》描绘的是贞观十五年（公元641年）唐太宗李世民接见来迎娶文成公主的吐蕃使者禄东赞的情景。画卷中李世民威严而平和，端坐在宫女抬着的步辇之上，另外有几位女官为皇帝撑伞、掌扇；画卷左侧站立三个人，红衣虬髯的是负责引见的鸿胪寺礼宾官员；在他身后穿着花色图案服装的是吐蕃使者禄东赞，最后穿白袍的是鸿胪寺的口语翻译。阎立本不仅再现了这个具有重大历史意义的事件，更鲜明生动地画出了他们不同的身份、气质和仪态，乃至相互之间的关系。在画的左侧，有北宋章伯益用小篆书写的题记。它除了记载装裱的时间以外，还明确了这幅画是发生在贞观十五年（公元641年）正月的重大事件，主要内容是"以

∧北宋章伯益题记

吐蕃使者禄东赞为右卫大将军，禄东赞是吐蕃之相也，太宗既许降文成公主于吐蕃"。

唐王朝与吐蕃的联系，始于贞观八年（公元634年）。吐蕃赞普松赞干布听说周边相邻的吐谷浑等部族首领都娶了唐朝的公主为妻，于是他也派使臣去向唐王朝求亲，但是这一次没有成功。吐蕃使臣不好交差，于是找了个借口对松赞干布讲：本来大唐皇帝很看得起我们吐蕃，礼遇有加，也同意了和亲，但是吐谷浑在背后说吐蕃的坏话，最终导致联姻失败。松赞干布听后大怒，派兵攻打吐谷浑。吐谷浑抵挡不住，向北退到了青海湖附近。松赞干布又乘胜攻打松州，也就是今天的四川九寨沟一带，也打胜了。但是这里已经是唐王朝的领土了，于是唐太宗派出侯君集率领五万大军征讨吐蕃，这一次吐蕃失败了。正所谓"不打不相识"，到贞观十四年（公元640年），松赞干布派出大相禄东赞再次向唐王朝请求和亲，唐太

宗也欣然答应了。画中题记说禄东赞见到唐太宗时，"**召见顾问，进对皆合旨**"，就是说他们谈得很融洽，唐太宗对禄东赞也很欣赏，提出"**诏以琅琊长公主外孙女妻之**"。在中国古代，公主是皇帝的女儿，长公主是皇帝的姐妹，大长公主是皇帝的姑姑。唐太宗要将长公主的外孙女许配给禄东赞，禄东赞婉言推辞说："**臣本国有妇，少小夫妻，虽至尊殊恩，奴不愿弃旧妇，且赞普未谒公主，陪臣安敢辄取。**"由此可见，禄东赞是很不一般的人，为人处世懂得分寸，知晓利害。

画卷题记中所说的"召见顾问，进对皆合旨"在藏文典籍中又演绎出了另外一个故事。当时有五个部族的首领同时向大唐求亲，唐太宗很为难，于是就想出一个公平竞争的办法，请五位使臣参加考试，哪家胜利就把公主许给哪家的首领。

唐太宗出了些什么样的题目呢？根据索南坚赞《西藏王统记》中的记载，一共出了四道题。

要求将一根很细的丝线穿过一颗有九曲孔道的明珠。其他人拿着丝线和珠子束手无策，可是禄东赞很快就想出办法。他把细细的丝线系在一只蚂蚁的身上，放在明珠孔洞的一端，再在另一端的洞口处抹上少许蜂蜜。蚂蚁闻到蜂蜜的甜香气，就带着丝线爬过九曲孔道，丝线也就此穿过来了。

如何确认一百匹母马和一百匹小马之间的母子关系。禄东赞机智过人，先让人把母马和小马分成两群，然后断绝小马驹一天的饲料和饮水，第二天再让它们与母马相聚。这时饥渴的小马驹纷纷奔向自己的母亲，谁是谁的孩子也就一目了然。

一根木头，两端一样粗，让求婚使臣判断哪一头是树根，哪一头是树梢。禄东赞凭借丰富的经验，知道树根是木头中最重的部分，而树梢部分会相对较轻，于是让手下把木头放在水里。木头在水里漂了一会儿，轻的在水面上，重的在水面下，这样就能准确地判断出哪一头是树根，哪一头是树梢。

从三百名年轻美貌的女子中找出哪一位是文成公主。宫中女子个个如花似玉，要想认出素未谋面的文成公主比登天还难。禄东赞找了个内线，买通了文成公主的奶娘，从奶娘那里得知文成公主的生活习惯，平时喜欢用鲜花泡水洗脸，因此总有花的香味从肌肤中溢出。当美女们走过使臣身边，禄东赞抬眼望去，发现有一位美女身边总有蜜蜂飞舞，由此断定那一位就是文成公主。当他认出文成公主的时候，整个场面一片欢腾。

禄东赞过关斩将，一路领先，最终取得了胜利。唐太宗见松赞干布的使臣如此机智聪颖，料定其本人必定也是杰出英才，于是决定将文成公主嫁与松赞干布。

禄东赞凭借自己的聪明才智，从五位求亲使臣中脱颖而出，促成了松赞干布与文成公主这段美好姻缘，大唐与吐蕃从最开始的兵戎相见，慢慢变成了彼此最为信赖的伙伴。那么，从《步辇图》中我们又能看到当时怎样的景象呢？

∧步辇图　题字

《步辇图》左侧三人恭敬地站立着，右侧是九位行走的宫女和坐在步辇上的唐太宗。这里有站立与行走的变化，疏与密的对比，站与坐的衬托。真要看懂它，还是从《步辇图》这个名字说起。

辇是给人乘坐的，原本与车一样装有轮子。但是自秦以后，帝王或者是皇后所乘的辇车去掉了轮子，马拉改为人抬，故称"步辇"。因为古代的车一没弹簧，二没充气轮胎，颠簸得很，步辇由人来抬就免去了颠簸，更为稳当。这幅画以交通工具为题目，并非出自画师阎立本当初的用意。画作中央上方"步辇图"三个字，至今仍无法确定是何人所写。按照唐朝和北宋以前的习惯，画作者通常是不在画面上题字留名的，所以这三个字可能是后人根据此画的含义来写的。

我们先看右侧，唐太宗身穿便服，端坐在步辇上，身材体型比周围仕女大出许多，头戴青黑色软冠，面部俊朗，目光深邃，平和的神情中还透出少许的和悦之色。簇拥在唐太宗周围的九位宫女，其中两人掌扇，一前一后，最后面的宫女举着大红的华盖。有的研究者认为这个位置画得不太合理，华盖怎么没有罩在唐太宗头上？其实扇和华盖都属于执事，强调的是它的标志性作用，至于是不是置于头上，要看具体环境。其他六名宫女，别看面带笑容，轻摆腰肢，可手上都在使着劲儿，一点不敢马虎。可能会有读者质疑：这六位苗条女子能抬得动吗？万一抬不动，皇帝摔下来怎么办？这里要说明两点：一是以前画帝王的时候，常常把他们画得比周围的人物形象大两号，以示尊崇；二是从画面布局出发，如果宫女个个强壮肥硕，那唐太宗就被遮挡得只剩下头顶了。所以理解这幅画的合理性，读者要把唐太宗的个头往小处想。

> 唐太宗

在《步辇图》中，宰相画家阎立本精湛的技艺得到了淋漓尽致的展现，无论是流畅坚韧的线条应用，还是栩栩如生的人物神情，都使得《步辇图》在具备重要历史价值的同时也具有极高的艺术价值。更难能可贵的是，在这幅传世名作《步辇图》中，诸多细微之处都展现了唐朝在政治上对外开放、兼容并包的特征；在文化上，宫廷礼仪、审美趣味的特点，向后人传递大唐王朝的盛世景象。那么，在《步辇图》中，我们可以探寻到当时怎样的时代特征呢？

画中唐太宗的手上拿着一个盒子，这里面是什么东西呢？唐太宗与禄东赞已经不是第一次见面了，对此人的智慧已经有所了解，所以在接见之前就决定了要册封禄东赞为右卫大将军。这个盒子里装的就是大唐皇帝册封禄东赞的印信，也就是画中北宋章伯益用篆书记录的"贞观十五年春，正月甲戌，以吐蕃使者禄东赞为右卫大将军"。

> 唐太宗手持盒子接受拜见

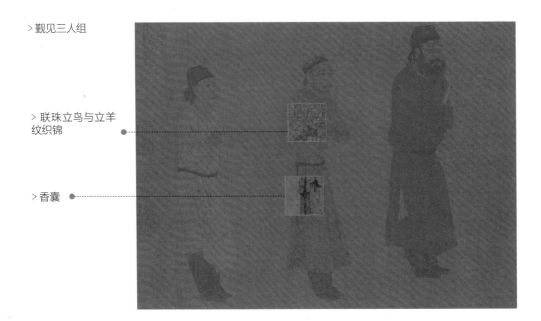

> 觐见三人组

> 联珠立鸟与立羊纹织锦

> 香囊

画上的左边三人组，一袭红袍的是负责引见的大唐鸿胪寺的官员，一身白袍的极有可能是鸿胪寺中担任翻译的官员，而吐蕃使臣禄东赞为什么要穿花衣服呢？这件衣服有两个用意。一是这件衣服的料子叫作联珠立鸟与立羊纹织锦，它来自中亚的粟特。粟特为丝绸之路上的重要枢纽，早在一千五百多年前，这里的城邦就以生产丝绸而闻名于丝绸古道。到了公元7世纪中叶，粟特生产的织锦就已经行销丝绸之路。在吐蕃的上层社会，这种联珠立鸟纹的织锦很受贵族的追捧，穿着它能反映出吐蕃与周边国家、民族的联系，显示出自己的实力。二是衣服名贵，显示了对唐太宗至高的尊敬。我们再注意一个小小的细节，在唐朝鸿胪寺的官员和吐蕃使臣禄东赞的腰间都挂着香囊，这也显示出彼此存在着某种相似的习惯，有利于整个场面气氛的和谐。

从纯粹绘画的角度来看，阎立本表现

出了相当成熟的技法，衣纹器具都是用墨线勾勒，线条流畅又不失稳重，主要人物的神情举止栩栩如生。这些丰富的层次，再辅以一些淡墨作底，起到了很好的调节作用。再有人物穿着的靴筒、衣服的褶皱等，都注意到了黑色的变化，显示出一定的立体感。全卷设色浓重纯净，大面积的红色块与执事扇面上的青石色相互辉映，看起来赏心悦目，有较强的视觉吸引力。

在局部的安排上，阎立本同样用心巧妙，不但记录了真实的历史场景，也照顾到审美的需求。例如掌扇的两名宫女，左侧的掌扇宫女走在扶辇侍女前面，而右侧的掌扇宫女走在扶辇侍女后面，仔细一想，两个人一前一后错开站位怎么可能把扇子排列整齐呢？但是如果两人整齐并排，那么左侧的掌扇宫女正好会被唐太宗的身体挡住。所以绘画者出于审美的考虑，布局上会有细微调整。

另外，九名宫女围绕着唐太宗的构图也是颇具匠心，前面两名女子身体是略微向前，后面两名女子身体略向后倾，就像一朵花的外层花瓣向外绽放，而中间的五名女子身体略作内倾，就像花蕊聚拢向内心，而唐太宗就处于整幅画的最内核中心。这样的布局，使行走的队伍自然又不杂乱。也有朋友提出，说唐代以胖为美，可画中的仕女为什么都如此苗条，这符合唐朝审美特点吗？这里有个误会，唐朝以胖为美，那个时期的女子和前后朝代的女子相比，的确较胖，但唐朝认可的胖并不等同于我们常说的肥胖，而是身材丰满的意思，是指全身上下匀称，比例浑然天成，是一种丰满圆润之美。唐朝以胖为美，和当时的时代发展密不可分。唐朝鼎盛时期，经济发展蒸蒸日上，人民安居乐业，整个国家的风气也是开放开明的，人们对审美的看法，就是丰腴的体态比消瘦更好。还有一点，画卷中多人围绕着唐太宗同时又要突出帝王，所以仕女也需要画得纤瘦一点。

《步辇图》描绘的是贞观十五年（公元641年）正月接见禄东赞的情景，此后唐朝与吐蕃又发生了什么呢？画中从未出现的吐蕃王松赞干布又如何呢？

右相馳譽丹青尤於此本宜
爲加意秦李丞相妙於篆籀
乃刪改史籀大篆而爲小篆
其銘題具鍾施於符璽誠楷
隸之祖爲不易之軌今見伯
益之筆頗得其妙而附之閻公
人物之後僅爲雙絕矣元豐乙丑
上巳河南劉忱題

松赞干布求娶大唐公主时是二十五岁，唐朝派江夏王李道宗护送十六岁的文成公主进入吐蕃。松赞干布亲率禁卫军的劲旅，从吐蕃出来远迎。文成公主一行向西，到达黄河河源附近的柏海，与松赞干布迎亲的队伍相会，至此禄东赞圆满完成了使命。史料记载，禄东赞深明事理，机智果断，他辅佐朝政，建立法制，帮助松赞干布巩固了王权，开拓了疆域。文成公主嫁给松赞干布以后，深受丈夫的宠爱，同时也会在政事上提出建议，松赞干布都会慎重考虑或采纳。大唐与吐蕃关系日益紧密，吐蕃的大臣们也都十分称赞她。

唐太宗去世以后，唐高宗继位。松赞干布上书唐高宗：**"天子初即位，若臣下有不忠之心者，当勒兵以赴国除讨。"**（《旧唐书》）还献上了十五种宝珠，请代置于太宗灵前，以表达哀思。唐高宗为此十分感动，封他为宾王，赐彩帛三千匹，还将松赞干布的石像列在昭陵前，以示褒奖。

公元 650 年，年仅三十三岁的松赞干布去世了，他的孙子继位为赞普，因为太过年幼，国事多由禄东赞管理。文成公主继续在吐蕃生活长达三十年，致力于加强唐朝和吐蕃的友好关系，深受当地百姓爱戴。

《步辇图》的意义不仅在于欣赏绘画艺术，此图的历史价值远远大于它的艺术价值。作为担任过工部尚书后升至右相的大唐高级官员，阎立本有条件在皇帝身边亲身参与重要国事，又凭借画笔，一笔一画地记录下来。在后人看来，在历朝历代诸多的宰相当中，能够以丹青妙手的身份载入史册，也算是别具风流了。

第四章

十八学士辅秦王

SHIBA
XUESHI
FU
QINWANG

《十八学士图》

（南宋）刘松年（款）

题材来源于一个历史典故，绢本设色，长693厘米，高45厘米，现收藏于台北故宫博物院。

手机扫描二维码
可欣赏高清长卷

在中国几千年的历史长河中，有这样一个朝代，它国祚近三百年，盛世近一百载。时至今日，我们仍然能感受到这个王朝曾经的辉煌与灿烂，它就是唐朝。然而在唐王朝创立之初，形势并不乐观，天下依然是群雄逐鹿，战乱纷争。大一统的唐王朝的建立，依然要经历重重艰难险阻。在定鼎天下的过程中，秦王李世民立下了赫赫功勋，他率军出征，最终荡平了盘踞在各地的割据势力。而李世民平定四方的过程同时也是他招揽贤才的过程，武将尉迟敬德、秦琼，谋臣房玄龄、杜如晦等人，就是在这个过程中被招纳的，而其中的谋臣就成了日后文学馆组建的基础。武德年间，李世民开设文学馆招纳英才，秦府十八学士应运而生。那么，十八学士与秦王李世民之间究竟发生了哪些鲜为人知的故事？历经岁月沧桑的《十八学士图》，究竟出自何人之手？这幅画作的背后又为我们揭示了一段怎样的历史呢？

唐朝初年的阎立本身为宰相，又善于绘画，素有"丹青宰相"之称，虽然他身居高位，但还是经常奉旨绘画。

唐武德四年（公元621年），秦王李世民平定王世充归来，高祖李渊加封李世民为天策上将，设天策府，这是一个仅次于皇帝和太子的位置，堪称"两人之下，万人之上"。有了这个优势，李世民就必须争取进一步巩固地位。他抓住这个机会，在天策府中设置文学馆，纳入了当时著名的十八位人士，称为"秦府十八学士"。这十八个人都有双重身份，既有从政的经历，又是饱读诗书的学者，甚至有的人做学者的声誉高过做官的影响力。他们在能力上也各有优势，相互补充，有人出谋划策，有人制定规章，有人沟通人际关系，由此形成一个效能很高的智囊团。

李世民在唐武德九年（公元626年）发动"玄武门之变"夺得太子位，李世民做了皇帝后，天策府和文学馆都不复存在了，十八位学士分别被委以高低不等的各种官职。以文学馆形式存在的十八学士智囊团虽然只存在了五年时间，但关键时刻发挥了关键作用，李世民授命阎立本为他们画像，以供效法，流传后世，这就是著名的《十八学士图》。

经过历史岁月的磨难，现在已经找不到阎立本所作的真迹《十八学士图》，但"十八学士"这个优秀的智囊团成为后代文人们津津乐道的历史佳话，也就不断地有人以此为题材作画。

我们从多幅同一题材画作中选取的是南宋刘松年款的《十八学士图》，因为这幅图在人物布局上疏密得当，表现形式也比较丰富。

这里为读者朋友科普个小知识，为什么在过去的画作中，有的画称为某某作，有的画称为某某款。因为在北宋以前，一般画卷上不留作者的姓名。南宋以后，才开始在画卷上留下作者的姓名。不过，有些画虽然留有作者姓名，但是我们从画作的风格、内容、绢帛的保存情况来看，与留名作者的生活年代存在矛盾，由此对留名的真实性有所存疑，不称为某某作，而常以某某款相称。

这幅画署名南宋刘松年款，但从整幅画的鲜艳程度和绢帛保存的完好度看，与南宋同时期的其他画作相比，颜色显得过分鲜艳了一些，画面上家具和器物，更接近明末清初的样式。如果年代存疑，作者本身的真实性也就值得推敲了，所以这幅画我们把它称为刘松年款。

我们先看一下这幅画的全貌。庭院处，有一位学士从外归来，解开腰带，轻松中又带有一种满意的心情。随后进入画廊中，有三位学士正在研究书画，一位凭栏远眺。而在另一处，两位学士正在读经，还有三位在下棋，旁边有两位小童在伺候着。紧接着进入了人员最多的画段，榻上有两位学士，下面坐着三位，他们正准备欣赏乐器演奏。在十级台阶上，两位童仆把我们的视线引向了三位学士，一位抚琴，两位在聆听。请注意画面，前面画的都是庭院，可到了此处似乎云雾缭绕，位置好像很高。这是为什么呢？到底是画家的失误，还是另有意图呢？在画卷结尾署名刘松年。刘松年是南宋著名画家，擅长人物画。

这幅画的优点在哪呢？怎么表现十八位学士呢？搁现在好说，十八个人坐在一处开会，一个人发言，十七个人听，只要能画出每个人表情不一，就很生动了。可是那个年代不开会，李世民有事也是分别征求各人意见，所以把他们画在一个庭院中，几人一组，各干各的，但是又彼此相互关联，能体现出这幅画的布局构思独具匠心。

这幅画画在六米多的绢上，画面有三十七位人物。值得注意的是，这些人物并不是平均分布，在画卷中部明显地出现了十六人组成的重点区域。在重点区域中，又特别突出了坐在榻上的两个重点人物。要说起十八学士的作用大小，确实还是有所区别。后来唐太宗又在宫里设了凌烟阁，把对开国有重大贡献的二十四位文武功臣的画像陈列在里面，十八学士中只有杜如晦（位列第三）、房玄龄（位列第五）和虞世南（位列第二十）位列其中，所以画卷中坐在榻上的两位中心人物，非杜如晦、房玄龄莫属。

由于阎立本的《十八学士图》和凌烟阁的《二十四功臣图》都已经失传，这幅画的作者刘松年又与李世民时期隔了几百年，所以我们很难通过人物的形象指认出谁是谁，只能根据历史的记载和作者的图绘进行揣测。但重要的是，我们通过欣赏这幅画，了解了十八学士及其背后的历史典故，既增长了知识，又增添了情趣，何乐而不为。

《十八学士图》是唐太宗李世民命阎立本为文学馆十八学士所绘图像，阎立本原作早已佚失，现在流传的都是后人的摹本，画中人物和历史上的十八学士如何对应？因为缺乏史料的记载，后人只能根据历史上十八学士的身份地位、生平事迹等，再依靠画中人物的情态表现进行推测猜想。正如一千个读者心中有一千个哈姆雷特，面对《十八学士图》，不同欣赏者的心目中也会有不同的十八学士对应者，这正是艺术的魅力所在。

　　我们从画卷的布局入手进行分析。十六人组成的重点区域中，榻上坐着披红袍的应该是房玄龄，在他旁边侧坐的是杜如晦。《贞观政要》中记载房玄龄"**贼寇每平，众人竞求金宝。玄龄独先收人物，致之幕府**"。杜如晦"**常参谋帷幄。时军国多事，剖断如流，深为时辈所服**"。两人分别以多谋和善断来帮助李世民打天下。

　　当李世民与太子李建成之间矛盾冲突加剧的时候，已经被太子赶出皇城的房玄龄和杜如晦潜入天策府，为李世民出谋划策，最终助李世民接掌了皇权。唐太宗在位期间，房玄龄受封为梁国公，官任中书令、尚书左仆射、司空等职，总领百官，统领政务长达二十年。他还负责监修国史，主修了"二十四史"中的《晋书》，与魏徵同修《唐礼》。因房玄龄善于谋划，

∧ 十六人听琴组

∧ 房玄龄

∧ 杜如晦

杜如晦善于决断，史称"房谋杜断"。

再看杜如晦的故事。李世民起兵攻下洛阳以后，要处罚王世充的部下杜淹。杜淹是杜如晦的叔父，可是杜淹与杜如晦兄弟之间一向不和，他不仅让王世充杀死了杜如晦的哥哥，还囚禁了杜如晦的弟弟杜楚客。李世民要处罚杜淹，作为帝王的谋士理应与君王保持一致，可是杜楚客心软，说都是同族中人互相残杀很残忍。于是杜如晦向李世民求情，留下了杜淹的性命。杜如晦死后，有一次唐太宗吃瓜，瓜的味道很甜，就特地留下一半，祭奠杜如晦。唐太宗送了一条黄银带给房玄龄，说：如晦在世的时候，你们一起辅佐我，而今天我只看到你一个人。又说，听说鬼神畏惧黄银，于是再另取一条黄银带，让房玄龄送去杜家。后来唐太宗做梦，梦见杜如晦来见他，如同与往日一样。杜如晦的忌日，唐太宗还派了宫中的女官前去慰问。由此可看出，唐太宗对杜如晦的礼遇，生前死后是一直没有改变的。

除了房玄龄和杜如晦，画卷两侧还有四组人物，分别是抚琴、对弈、读经和书画，也就是琴棋书画。古代知识分子讨论治国大事，一定要有琴棋书画相伴，这是当时最理想的境界。画卷上如此安排，使得整体感更为协调、平衡。

先来看看画卷上的书画一组。画面上除了一位书童以外，有三位学士正在磋商书法绘画，旁边还有一位正在凭栏欣赏远处的风景。绘画三人中坐在中间穿红衣的这一位，推测应该是十八学士中书法最好的虞世南，他也位列凌烟阁二十四功臣之一。

为什么认为他是虞世南呢？

在《二十四功臣图》其他描绘中，后人也把虞世南画成一把大胡子形象。另外据史料记载，虞世南体质较弱，甚至会比旁人多穿一层衣服，所以在书画笔法上，显得略微有些僵硬。除了书画，虞世南在治理国家方面也多有谏言，还参与编辑了《群书治要》。唐太宗特别

∧ 书画组

> 虞世南

 许敬宗

论及古先帝王为政得失，必存规讽，多所补益。"唐太宗有言："群臣皆若世南，天下何忧不理。"（《旧唐书》）所以唐朝的君臣对虞世南的评价也都很高。

画面中倚栏而坐只露半张脸的人物，推断是许敬宗，理由是在十八学士里数他的人品最差。此人在唐高宗的时候，曾助武则天晋升为皇后。所以在后代诸多版《十八学士图》画作中，有的画中只留给他一个后背，也有的画中干脆只画十七人，把他排除了。这幅画里故意用柱子遮住他半张脸，衬出他不太合群，有些孤立。

在隋末大乱之年，许敬宗的父亲许善心，在江都政变当中被叛军首领宇文化及所杀，许敬宗为了活命，在杀父仇人面前"蹈舞求生"。"蹈舞"本是臣下对皇上表示敬意的大礼，许敬宗竟然对仇人行此大礼，实在有失颜面。本来人性中都有软弱的一面，许敬宗的做法也不是不能理解，但是偏偏在这个时候

看重虞世南的人品，说"虞世南于我，犹一体也。拾遗补阙，无日暂忘，实当代名臣，人伦准的"。（《旧唐书》）唐太宗曾经写宫体诗想让虞世南唱和，宫体诗写的主要是宫廷生活和男女私情。虞世南看了说：皇上您写的诗很工整，但内容并非文雅，臣怕这首诗一旦流传出去，天下的人就会追随效仿，因此我不敢听从您的命令。唐太宗笑了笑说：我不过是跟你开个玩笑罢了。又赏赐了他五十匹布帛。《旧唐书》记载："每

出现了另一个人物，经历与他相似，但气节就比他高多了，这个人就是刚才提到过的大书法家虞世南。

虞世南的哥哥虞世基也面临着被处死的危险，虞世南作为一介书生，无法用武力挽救自己哥哥的性命，于是跪在地上请求以自己的性命交换，让刽子手来杀他。同样是跪地求饶，虞世南的人品就显得高尚许多。于是有人就用**"世基死，世南匍匐请代；善心死，敬宗蹈舞求生。"**（《新唐书》）的对比方法褒虞世南贬许敬宗。

许敬宗虽然人品一般，但确实有才，文采也不错，所以在唐太宗时期，也做到了中书舍人。可是一不留神，这人又"掉"下去了。什么原因呢？因为长孙皇后去世，大家在一起悼念时，他看到欧阳询长得难看而哈哈大笑，结果被贬为地方官。

许敬宗的仕途起起落落，几十年过去了，当年的同僚都已经手握大权，而他只是个卫尉寺卿，就是管理皇帝出行的仪仗、车马等，没有实权，对比之下，他有点愤愤不平。后来唐高宗在位时，高宗打算废掉王皇后，立武昭仪为后，这件事受到了大臣们极力反对。这时候许敬宗站出来说：田舍翁多收了十斛麦子都想换老婆，皇帝换一个皇后又有什么呢？这是皇帝自家的事，跟别人没关系。从而坚定了唐高宗换皇后的决心，许敬宗也因此得到了好处，上升为礼部尚书。

在中国古代文化中，琴棋书画被称为传统文化中的"四艺"，从古代文人的角度来看，琴棋书画是闲情逸致，更是修身养性，因此历来为人所重视。从唐朝阎立本的《十八学士图》开始，琴棋书画这些元素更是在众多版本的《十八学士图》中反复出现。那么，在这幅南宋的刘松年款《十八学士图》中，读书下棋的都是哪些人？他们与唐太宗李世民之间又有何渊源呢？

∧ 读经组

继续来看读经组，两名学士在静静地研读经书，实际上作画者在这里为了表现人物的活动，去掉了一面墙。画卷中有一个书柜摆放了很多书，书是不能摆在室外的，可是如果在室内，读者又看不到学士在干什么，所以画作者大胆地省略了一面墙，周围再用山石树木来遮挡，看起来似乎像是一面窗。这样既看到了室内人物的活动，同时画面又比较自然。在这一段画里，没有更多的资料说明人物的身份，大胆推测这两位应该是当年的经学大师陆德明和孔颖达。李世民将这两位人物收进十八学士队伍中，他们的主要工作是为自己培养合格的继承人。

陆德明生于梁末陈初，历经陈、隋、唐三代。青年时代跟随名师学习，善于谈论《老子》《庄子》《周易》，等等。陈宣帝太建年间，太子陈叔宝热心于儒家经典，曾经召集各地名儒在皇宫的承光殿举行儒家经学讨论会，年方二十岁的陆德明也参加了。在讲坛上，德高望重、学问人品皆优的国子监祭酒徐孝克主讲儒学经义，他滔滔不绝，大发议论，趾高气扬，旁若无人，与会名儒们在权威面前都甘拜下风，谁也不敢提不同意见，唯独坐在末座的年轻人陆德明，多次站起来指出徐大人讲解中的失误，而且言之有理，击中要害，得到了满堂赞赏。此后，陆德明名声大振，步入了大儒之列。陈朝灭亡以后进入隋，隋炀帝后来被宇文化及所杀。东都留守王世充占据地盘，想让陆德明当自己儿子的老师。陆德明以此为耻辱，但又没有能力拒绝，于是陆德明在举行拜师礼的前一天晚上服用泻药巴豆散，第二天王世充的儿子来行拜师礼的时候，他在坐榻上竟然拉起屎来，也不回应。王世充的儿子只有回去告诉父亲，老师病了，没有拜成。此后陆德明躲到乡间，再不出来。直到李世民攻取洛阳，平定了王世充，派遣使者召陆德明到长安，任命其为天策府学士，主要是让长子李承乾跟随他学习经书。

而另一位孔颖达是孔子的三十一世孙，也是当时有名的学者。李世民平定洛阳以后，广召天下文学之士，授孔颖达为文学馆学士。李世民做了皇帝以后，励精图治，孔颖达也多次直言规谏，唐太宗对他信任有加。

^ 棋弈组

再来看下棋博弈三人组，旁边还有两位书童伺候。这三个人中也没有确实依据判断是谁，但其中一位学士应该有苏世长，这是一个与李渊关系很密切的人物。

唐武德四年（公元 621 年）平定王世充以后，作为王世充幕僚的苏世长前来归顺，李渊指责他说：你怎么现在才来呀？苏世长回答说，大家争夺皇位就像很多人围猎一只野鹿，一个人获得了，其他人也就放手了。哪有获得猎物后，还责怪其他打猎的人的道理呢？由于高祖李渊和苏世长有旧交，所以也就一笑而过。后来

苏世长多次向李渊进谏，李渊也从来不为难他。

到了李世民时期，他在与幕僚的交谈中发现大家对北方的士族不太了解，李世民便把有北方士族背景的李守素也收入十八学士中。

那么，苏世长、李守素两位在这三人弈棋者当中又分别居于什么位置，目前没有定论。但这两个人在十八学士中的作用就相当于现在的公关部，当然他俩也得细细掂量，在唐初的各种势力纠葛当中，自己这颗棋子究竟落在哪里合适。

"东征归来脱金甲，天策开府延豪英"（陆游《题十八学士图》）。在后人看来，十八学士博古通今、各出其力，为李世民一统天下，开创"贞观之治"做出了极大的贡献。而李世民任人唯贤，对十八学士给予最高的礼遇，也为他们施展才华提供了有力的保障。时人都以能够进入十八学士之列为荣，更有甚者称进入十八学士智囊团为"登瀛洲"。那么，《十八学士图》是如何巧妙体现这种盛况的？又是什么原因使得李世民对十八学士中的于志宁尤为重视呢？

>于志宁

再说回画卷的开头。把读者视线引入画卷的，是一位学士从外面归来，一边走一边在松腰带，后面还跟着两位仆人，分别拿着大扇子和包袱。大扇子不是扇风用的，是主人在露天行走的时候用来遮阴的。古人带资料没有公文包，所以都是用包袱。

李世民时常有重大事情要请智囊团来拿主意，所以对十八学士"凡分三番，递宿于阁下，悉给珍膳。每暇日，访以政事，讨论坟籍，榷略前载，无常礼之间"。（《新唐书》）用今天的话说就是一个值班制度，用轮流值班以备李世民的不时之需，而这位刚刚回来的学士，从年龄上来推测，应该是后来在唐高宗时期做了宰相的于志宁。于志宁进天策府文学馆的时候，在十八学士群体中年龄是偏小的。李世民对于志宁也是非常欣赏，把他放在整幅画卷的开头也是有可能的。

唐太宗欣赏于志宁的故事还有很多。

贞观三年（公元629年），唐太宗在一次宴请的时候问：志宁在哪里？侍者回答说：今天来的是三品以上职官，于志宁品级未到。唐太宗不加多想就说：叫他来嘛，加封三品。唐太宗欣赏他也是有道理的。贞观十三年（公元639年）唐太宗准备授功臣以世袭州刺史之职，这肯定是唐太宗脑子一热的冲动，当时大家都很清楚世袭的弊病，兴科举就是为了打破权力世袭的一种创举，如果唐太宗真的又回到世袭制度，绝对后患无穷。于志宁见此立刻上疏，指出这样做的严重后果，最终说服了唐太宗，促使皇帝打消了念头。于志宁做事很有分寸，坚守法度，唐太宗很是看重这一点，就把培养继任者的重任交给了于志宁，授予太子左庶子的职务，后来又兼太子詹事。不过太子李承乾实在不成器，骄奢享乐，最后被废为庶人，太子东宫的属官也因此获罪，独有于志宁因为坚持规劝没有被加罪，后来甚至还继续担任了培养太子李治的重任。可以看出，唐太宗对于志宁给予了高度的信任。

说完卷首，再来看看卷尾。两童仆把读者的视线引向高台，高台处是三位学士在抚琴听音，一个童仆伺候着，画卷的结尾是高台之下云雾缭绕，云隙间还隐约露出宫殿的屋顶，这表明十八学士们活动的位置很高。这三位学士具体对应的是谁，

∨ 抚琴组

从画面上找不到确实依据。

十八学士中还有两位特殊的能人。一位是地理学家苏勖，著有《括地志》五百五十卷。另一位是史学家姚思廉，其编辑的《梁书》《陈书》在南北朝史书中属于上乘之作。由此可见李世民收罗的十八学士，确实属于治国理政不可或缺的人才。

既然如此，画作者为什么又把收尾处设计在云雾缥缈之间呢？

有两种可能，一种可能是当时把进入十八学士这个圈子称为"登瀛洲"，就是获得了很高的地位，得到了帝王的青睐，云雾缭绕用以显示其高，但是学士无论有多少高见，最终能否算数都取决于帝王的圣裁，所以各种意见其实都在虚无缥缈之中。还有一种可能，寓意学士们之所以能有高见，就是因为站得要高一些，看得要远一些。所以我们从平面进入画卷，看到收尾的时候，才领略到学士们所站的位置之高。

李世民继承帝位以后，十八学士也分别被任命为职务高低不等的朝廷命官，在朝廷中也有其他官员与他们平分秋色，学士们也继续发表自己的政治见解。但是大家读一读《贞观政要》就会明白，他们给皇帝意见提出佐证、补充，大多数时候跟皇帝的意见还是一致的。但是如果跟皇帝的意见不一致，这时候奉承的话变多了，直言相谏的也逐渐变少了。特别是贞观十四年（公元 640 年），李世民强行要看《太宗实录》，按照中国历朝历代的惯例这是不允许的，但是唐太宗要看，房玄龄也只能放弃原则，依从圣意，拿来给皇帝阅看。而唐太宗看了以后，对所记录的内容不太满意，对房玄龄也就逐渐冷淡下来。

在逐渐稳定的朝堂局面下，十八学士这一代智囊团也慢慢地曲终人散。十八学士智囊团在唐朝初年的混乱局面中，为李世民夺取政治权力、稳定社会起到了重大作用。

第五章

游春时节风乍起

YOUCHUN
SHIJIE
FENG
ZHAQI

《虢国夫人游春图》

（唐）张萱

绢本设色，长148厘米，高51.8厘米，现收藏于辽宁省博物馆。

白居易《春游》一诗云："逢春不游乐，但恐是痴人。"每当春回大地，万物复苏，蛰伏了一整个冬天的人们便结伴而出，去肆意享受温暖的春天带给人们的乐趣。在画家笔下，以游春为主题的绘画作品更是不胜枚举，他们挥毫泼墨，将那明媚的春光和世间百态以不同的风格，一一封存进人们的视野和脑海当中。自先秦开始，游春便已经在民间流传开来，直到大唐开元天宝年间，国力的强盛和生活的富足，使得游春变得更为盛行。与此同时，受环境影响，绘画艺术也呈现出新的发展态势，于是充满浓郁春天气息又独具特色的《虢国夫人游春图》应运而生。那么，《虢国夫人游春图》究竟有何奇妙之处？这幅画作为我们讲述了怎样生动有趣的故事？画作背后又蕴含着怎样的深意呢？

《虢国夫人游春图》原画作者是唐开元天宝年间的宫廷画师张萱，张萱以擅于描绘贵族仕女、宫苑、鞍马著称，唐宋画史著录中记载着他的作品数量较多，广为人知的有《捣练图》《虢国夫人夜游图》《虢国夫人踏青图》等。虽然张萱的很多作品不断被后人摹写，但出自其本人手笔的原作，至今尚未发现。《虢国夫人游春图》原作早已失传，但是在北宋内府的《宣和画谱》中还记录有唐代张萱《虢国夫人游春图》。现收藏于辽宁省博物馆的《虢国夫人游春图》，据说是宋徽宗亲笔临摹留下来的。

北宋徽宗年间国家出资兴办画院，培养人才，使宫廷绘画再次出现高峰。当时一位没有留下姓名的画院高手，也许就是宋徽宗本人，精心临摹了这幅《虢国夫人游春图》。从不失唐代绘画风韵的特点来看，这幅临摹应该是有原画作为依据的。公元1127年金兵攻入汴京城的时候，这幅临摹的作品与宋徽宗、宋钦宗一道，被劫掠到北方。时隔六七十年后，又有人把《虢国夫人游春图》带回到南宋，相继为宰相史弥远、贾似道收藏。至清代，此画再次成为皇宫的藏品。这幅由宋人临摹的《虢国夫人游春图》不仅保持了唐代张萱原作的面貌和神采，还糅合了北宋画院雅致、飘逸和明快的绘画风格，成为融合唐宋两代宫廷绘画的稀世杰作，堪称辽宁博物馆的镇馆之宝。

逢春不游乐，
但恐是痴人。

《虢国夫人游春图》描绘的是众人乘宫马游春的情景，人马、服饰尽显唐人风致，卷后有王铎的题跋。那么，画名中的虢国夫人是谁？她背后又有什么样的故事？

要认识虢国夫人，就不可避免地要从唐玄宗与杨贵妃开始讲起。正因为有了这层关系，后面才有了虢国夫人的名号，也才会有杨氏族人一荣俱荣、一损俱损的结局。白居易的一首《长恨歌》奠定了他在诗词创作上的地位，也使唐玄宗与杨贵妃的故事超出了历史记录的局限而家喻户晓。于是各种相关的艺术形式纷至沓来，绵绵不绝。

虽然杨贵妃这么有名，可她却是个"三无"女士。

其一是人无名，真实姓名说不清。可能有朋友会问：不是叫杨玉环吗？正史上只称她是杨氏，或者是道号"太真"，从来没有提到过名字。"玉环"是她死后一百多年，郑处诲编撰的《明皇杂录》里才第一次提及"杨贵妃小字玉环"，后人沿用至今。《明皇杂录》这本书里神神鬼鬼的事写了不少，其实主要是坊间传言的成分居多，而且杨家这一辈人用的都是单名，所以也有人推测，杨贵妃可能名叫"杨玉"，"环"字是形容她胖。

其二是生无育，就是没孩子。杨氏十六岁时嫁给了唐玄宗第十八子李瑁做妃子，据说夫妻感情很好，可是六年里无所出，后来李瑁另娶了韦氏，共生了五个儿子。杨氏成为玄宗的贵妃以后，十多年也未能生育，这是直接影响到她未能被封为皇后的大事。

其三是死无尸，人死之后尸身在何处说不清。杨贵妃在马嵬坡被赐死以后，当时是简单地埋在了路边，唐玄宗回到长安以后想给她正式下葬，结果派去找尸体的人说"尸身已腐"，只带回来一只香囊。唐代的香囊是用金属做成的圆球，因此能得以保存。不过从时间上说，几年的工夫，也不至于连骨头都找不到了，如果有遗骨，就不影响另行安葬。所以白居易推测"马嵬坡下泥土中，不见玉颜空死处"，杨玉环尸体不见了，甚至后来还由此杜撰出杨氏本人化装出逃海外。

说起来，唐玄宗登基四十余年的时间里也曾励精图治、内平叛乱、外战突厥、清查田亩、减免税赋，使唐朝达到了鼎盛时期。但是开元二十五年（公元737年），武惠妃逝世，导致唐玄宗心情抑郁，整日无精打采，于是有人向他推荐了寿王妃杨氏，再一次点燃了唐玄宗心中的一把火。杨氏生长于官宦之家，受教育环境优越，具有一定的文化修养，再加上天生丽质、性格温顺，而且通音律善歌舞，与唐玄宗的爱好一致。可是人再好也是儿媳妇，于是唐玄宗借口给窦太后祈福，指派杨氏到宫里做道士，授名"太真"，其实是为了方便彼此往来。杨氏挂着"太真"的道号，却享受着皇后般的恩宠，结果唐玄宗越迷越深。又挨过几年，天宝四年（公元745年），唐玄宗先给寿王李瑁娶了韦氏，再正式把杨氏封为贵妃，为她完成了身份的转换。如果事情到此为止，那也就是两三个人的事，最多是寿王吃个哑巴亏，可问题在于随着杨氏地位的变化，她身后的杨氏族人都鸡犬升天，权倾天下，行事也张扬起来。

杨玉环出身名门，卓尔不凡，被后世称为中国古代"四大美女"之一。武惠妃死后，她以"羞花"的容貌、风韵的身姿和优越的自身条件迅速赢得唐玄宗的垂爱。白居易曾这样描述这段旷世奇恋："在天愿作比翼鸟，在地愿为连理枝。"但是，获封贵妃一年后，杨玉环便被唐玄宗赶回了家中，这是为什么呢？又是什么原因使得虢国夫人成为画家张萱反复描绘的对象呢？

杨玉环的父亲杨玄琰很早就过世了，叔叔杨玄珪把她养大。杨玉环受尽恩宠，册封为贵妃后，玄宗又封杨玄珪做光禄卿，堂兄杨铦为鸿胪卿，堂兄杨锜娶了太华公主，授驸马都尉。杨贵妃很想念自己的三个姐姐，唐玄宗就安排住处，把她们一起迎入长安，还给杨氏姐妹加封"国夫人"，大姐封为韩国夫人，三姐封为虢国夫人，八姐封为秦国夫人。

白居易的《长恨歌》里将唐玄宗和杨贵妃写成感天动地的爱情关系，可是当我们认真地分析这段历史记载会发现，他们之间其实是一种交换关系。杨氏封为贵妃仅一年，就被唐玄宗赶回家了。但是贵妃回家以后，玄宗又后悔了。于是再召杨贵妃回宫，就得为这个行为付出巨大的价码，唐玄宗给杨氏姐妹每月各赠脂粉费十万钱，还称杨贵妃的三个姐姐为姨，她们**并承恩泽，势倾天下。每命妇入见，玉真公主等，皆让不敢就**

位"。（司马光《资治通鉴》）

杨玉环还有一个远房兄弟杨钊，他的祖父和杨贵妃的祖父是兄弟，就是有同一个曾祖父。杨钊本来是个市井无赖，无业，经常欠账不还，四十多岁无所作为，在别人的引荐下见到了杨贵妃。当唐玄宗与杨氏姐妹玩纸牌赌博的时候，他在一旁计算赌账。唐玄宗给杨钊赐名国忠，授予官职，到后来杨国忠身兼十余职，操弄朝政。杨国忠的儿子杨暄参加科举考试不合格，考官甚至不敢公布结果。即便如此，杨国忠还说：我儿子怎么能让你们欺负？并且让唐玄宗直接任命杨暄为户部侍郎，于是上朝的时候杨暄和考官并肩站在一起。唐玄宗甚至亲笔为杨氏御撰和书写了家庙碑文。白居易的《长恨歌》中写道："**姊妹弟兄皆列土，可怜光彩生门户。遂令天下父母心，不重生男重生女。**"

虢国夫人是杨贵妃的三姐，天生丽质，和杨玉环相比也不遑多让。据说她

姊妹弟兄皆列土，
可怜光彩生门户。
遂令天下父母心，
不重生男重生女。

不爱擦香粉，因为香粉会盖住她光泽的肌肤。虢国夫人性格豪放不羁，与唐玄宗眉来眼去，又与杨国忠有私。唐朝张祜《集灵台》诗云："**虢国夫人承主恩，平明骑马入宫门。却嫌脂粉污颜色，淡扫蛾眉朝至尊。**"在杨宅之内，各地前来行贿的人络绎不绝，但凡官吏有所请求，只要得到杨氏的推荐，都能够如愿。随着杨贵妃宠遇加深，杨国忠和国夫人们的宠遇愈隆，他们相互攀比盖房子、修宅邸，看到别人家的房子盖得比自家的更加宏丽，二话不说推倒自己家的重新修建，每建一堂都要花费千万两以上，土木之工昼夜不息。这其中又以虢国夫人最为奢侈，所建的新宅院仅仅是粉刷墙壁就用钱两百万贯，如果粉刷工匠要求再加厚赏，虢国夫人随手一挥便赐绛罗五百匹。

此外，即使在豪门中，虢国夫人也表现得极其专横。《明皇杂录》中有这么一个故事。韦嗣立在睿宗时期官至宰相，他去世后，韦氏一族仍有弟子在朝廷做官，因此也算得上是个大家族。但虢国夫人丝毫没有顾忌，有一天，韦家人正在房间午休，虢国夫人在一群侍女的簇拥下，说笑间旁若无人地闯了进来。她傲慢无礼地问：听说这房子要卖？多少银两？韦家人说：这是先人留下的宅子，不卖！话音未落，转眼之间，虢国夫人的随从已经爬到东西厢房顶掀房揭瓦了。韦家人无奈，只能抱着琴和书站在路中间，眼睁睁地看着自家的房子被拆。最后虢国夫人没给一分钱，只留下一小块地给他们居住。

说到这里，张萱为什么反复地画虢国夫人也就很明白了，她是当时的热点人物，皇亲中的贵胄，背后权势滔天。

游春是唐代的社会风俗，以每年三月初三为盛。为了让人们有游春的好去处，唐玄宗将汉武帝所造的曲江池修整一新，使之成为花草繁盛、烟水明媚的游览胜地。唐玄宗因盛宠杨贵妃，杨氏家族顺理成章地享受到了无上的尊荣，一时风光无限，三姐虢国夫人更是恃宠而骄，贪恋骄奢淫逸的生活。三月初三，长安城的贵族妇女外出游玩赏花，喜欢热闹的虢国夫人和她的姐妹盛装出席了游春会。那么，虢国夫人究竟是如何装扮自己的？和其他女眷相比，她的装扮又有哪些不一样的地方呢？

《虢国夫人游春图》这幅画当中，哪一位是虢国夫人呢？

我们来看这幅作品，画面上一共是九个人、八匹马，在构图上采取了留白的手法，就是只画人，不画环境。至于说是到什么地方游春，景致如何，就留给看图的人自己去充分想象。春天在哪里？春天在画中人的眼睛里。他们骑马漫步，衣着华丽，脸上写满了安逸和自负。

∨ 虢国夫人游春图

画卷中哪一位是虢国夫人呢？一直以来有两种意见。一种是以贵妇人出行必然是"前呼后拥"为依据，认为虢国夫人应该是画卷左侧两位贵妇人之一；另一种看法认为右侧排头第一人是虢国夫人。笔者个人赞成第二种意见。画卷中的重要人物是通过马颌下胸前的球状红缨来体现的，这个球状红缨在古代称为"踢胸"，骑马有踢胸者为尊贵。

从右往左看，第一匹马的马颌下胸前悬有踢胸，马鬃经过特殊的修剪，剪成三鬃的形状，马的鞍具也特别豪华。在这一点上，与后面夫人们的马相比只高不低。此外，骑马者身穿虾青色服装，衣服的式样和头巾都是唐代官员的标准式样。他是谁呢？有人说是负责此次游春的警卫军官，还有人推断可能是杨国忠的儿子杨暄。

如果是警卫官员，他乘坐的马不能有踢胸；如果是杨暄，他的身份也压不过几位被封为国夫人的姑姑。特别是第一匹马的鞍具，精美的坐垫超过了其他所有的马匹，黄马青衫玉冠，马鞍上绣有虎纹，综合所有的线索捋下来，此人只有可能是身着男装的虢国夫人。

此种推断理由有三。

第一，她虽然身着男装，但仔细看，她的右鬓角下面明显留了一段较长的头发，这个用意是在表明性别，同时也说明了穿男装是显示其人物个性。以虢国夫人爱出风头的性格来说，女扮男装并没有过多地涂脂抹粉，与虢国夫人"淡扫蛾眉"的面貌特征很是接近。而且游春时刻意身着男装，在一众贵族妇女中出奇制胜，所以最前面这位地位特别、气宇轩昂的男装女性就是虢国夫人。

∨ 鬓角细长头发

〉唐代官员官服式样

∨ 三鬃马

〈踢胸

第二，从右向左看整幅画卷构图，人物分为了前后两组。前面三人一组，一位侍女，一位中官，两个人陪侍一个人。而后面一组共有六人，也只有一位侍女，一位中官，所以从人员配置级别上看，后面的国夫人身份比前面的国夫人要低一等。

第三，后面三匹有踢胸的马驹虽也算得上精良，但是比第一匹马还是有差距，这也是象征虢国夫人比另两位国夫人在唐玄宗面前高人一等的地位。

这幅画为什么叫《虢国夫人游春图》，而不是《杨氏姐妹游春图》呢？纵观全画，画作者把虢国夫人摆在最突出的位置。

据史书记载，唐代御马多以三鬃为饰，表示与皇上有关系。整幅画卷的一行人中，除了前面穿男装的人骑的是三鬃马，后面一组中还有一位抱着小孩的两人共骑一匹三鬃马，推测这个孩子应

该是虢国夫人的女儿。

再看在画中的位置，画卷从右侧打开，这是一个十分醒目的位置，整个画面里只有她的马与其他人的马没有交错在一起，暗示了这个人的地位无人能及。

后面一组人马，六个人，五匹马，最后一排左右两侧分别是侍女和宦官，中间是奶妈带着孩子共骑一匹马，奶妈一脸的紧张，身形微躬，显得谦卑和小心，生怕自己有所疏忽。两位前排的贵妇人，所骑的马虽挂有踢胸但无三鬃，两位都是衣裙鲜亮，肩披帔帛，襟口开敞，雪散胸前，头上梳的是堕马髻。唐朝妇人梳堕马髻为显贵者，显然，中间两人就是秦国夫人和韩国夫人。其中，回头看孩子的应该是韩国夫人，端着架子眼光直视前方的是秦国夫人，她更年轻一点。细一品味，杨氏姐妹们恃宠而骄，娇而近嗔的仪态暴露于众人眼前。

∨谦卑紧张的仆人　　∨唐朝贵妇堕马髻

∨幼女推测为虢国夫人的女儿

∨韩国夫人

∧秦国夫人

杜甫的一首《丽人行》正好与此画相呼应，可以看作是对此画最贴切不过的解释。

"三月三日天气新，长安水边多丽人。态浓意远淑且真，肌理细腻骨肉匀。绣罗衣裳照暮春，蹙金孔雀银麒麟。头上何所有？翠微盍叶垂鬓唇。背后何所见？珠压腰衱稳称身。就中云幕椒房亲，赐名大国虢与秦。"

杨氏姐妹们的种种行为用现在的话形容就是"不作死就不会死"。

她们为什么要这样做呢？其背后的原因又是什么呢？

古代受宠的妃子们虽然生活得很不错，地位似乎很高，但是一旦皇帝驾崩，命运就各不相同了。继承帝位者，其母荣升太后，母仪天下，日子照样好过。其他有孩子的嫔妃，也可以母以子贵，品级上加个"太"字，当太妃，生活也还过得去。而那些没孩子的嫔妃，好日子就一去不复返了。前面给大家介绍过，杨贵妃是没有孩子的，而且也一直没有被册封皇后，所以杨氏一族人的心态就是今朝不想明日事，享受一天是一天，这就是他们"作"的本因。

就中云幕椒房亲，赐名大国虢与秦。

作为大唐开元盛世的缔造者，唐玄宗并没有把辉煌的盛世延续下去。在他的统治后期，一方面任相失误，重用了嫉贤妒能的李林甫和不学无术的杨国忠，另一方面又拒绝纳谏，致使各种社会问题长期得不到解决。年轻时意气风发的唐玄宗，经过中年时的志得意满，到老年时已经是沉迷荒唐，一味贪图享乐，荒废了朝政。他再也听不到高瞻远瞩的真知灼见，最终"安史之乱"爆发，唐玄宗不得不带着杨贵妃等人仓皇出逃。那么，他们最终的结局究竟是怎样的？在杨贵妃的身上，还藏有哪些秘密？从《虢国夫人游春图》中又有哪些预警呢？

就在虢国夫人等一众丽人游春嬉戏的同时，李唐王朝正在从繁盛的顶点转向没落。《新唐书·玄宗本纪》记载，唐玄宗得到杨贵妃以后，游幸华清池就成了一件常事，少则十几天，多则两三个月。

为什么去得那么勤，待的时间又那么长呢？

传闻杨贵妃虽然天生丽质，相貌倾国倾城，但是有狐臭，近身气味很难闻，而泡温泉既可以保养皮肤，又有利于减轻狐臭体味，所以临潼温泉就成了二人的常住地。

"春寒赐浴华清池，温泉水滑洗凝脂。侍儿扶起娇无力，始是新承恩泽时。"（白居易《长恨歌》）为什么"新承"呀？臭味闻不到了。玄宗游幸华清池的时候，以杨氏家族成员作为扈从，每家一队，穿同一种颜色的衣服，整个队伍五彩缤纷。沿途满地掉落的首饰，金光闪闪，其奢侈无以复加。唐玄宗荒废朝政，杨国忠肆意专权、为所欲为，加重了朝野之间矛盾的积累。而所有的这一切，沉浸在享乐之中的杨贵妃和虢国夫人是看不到的。开元年间，家给人足的景象已经一去不复返了。

《虢国夫人游春图》成画四年以后，身兼范阳、平卢、河东三镇节度使的安禄山，经过多年积蓄力量，乘唐朝廷内部空虚腐败，以"讨伐杨国忠，清君侧"为借口，于范阳起兵。当时唐朝内部承平日久，人不知兵，河北州县立即望风瓦解，安禄山叛军势如破竹，兵锋直指长安，一时"渔阳鼙鼓动地来"。这场突如其来的风暴，打破了唐玄宗的盛世之梦，也使唐朝的上升势头戛然而止，后世史家多认为"安史之乱"是唐朝由盛转衰的转折点。

唐玄宗带着杨贵妃、虢国夫人、杨国忠等亲眷逃往蜀中，经过马嵬坡时，将士们又累又饿，禁军的龙武大将军陈玄礼，要求处死祸首杨国忠。这时候正赶上随行的吐蕃使者拦住杨国忠说：走了一天路，还没吃饭呢。于是杨国忠停了下来，有人趁机发箭射中杨国忠的马鞍，随即军士们乱刀砍死杨国忠和站在他身边的杨暄以及秦国夫人。但是，乱哄哄的场面还没有结束，军士们又包围了驿馆，陈玄礼向唐玄宗提出将杨贵妃正法。最终，唐玄宗只能听从高力士的劝说，**"上乃命力士引贵妃于佛堂，缢杀之"**。（司马光《资治通鉴》）从这段记载看，杨贵妃的死，远不是后来文艺作品里那样大义凛然的自尽，而是活生生地被勒死，又或许是死于乱刀之下，以至于尸身都没保留下来。虢国夫人和杨国忠的妻子裴柔，携带子女逃出队伍。陈仓县令薛景仙闻讯后，率人追赶，斩杀了裴柔、虢国夫人以及孩子们，不知道《虢国夫人游春图》中那个被奶娘搂在怀里的幼女是否也在其中。

世间有"人生如戏"的说法，《虢国夫人游春图》前后发生的事情，充分体现了中国一句老话，"祸兮福所倚，福兮祸所伏"，人生要懂得知进退。人这一辈子，顺利与挫折都是如影随形，但是"福祸无门，唯人自招"，顺利时不骄傲，位高时不欺下，挫折时不气馁，平民有自尊，这也是历史反复向我们证明的。

第六章

迷之
夜宴图

MI
ZHI
YEYANTU

《韩熙载夜宴图》

（南唐）顾闳中

中国十大传世名画之一，宋摹本，绢本设色，长 335.5 厘米，

高 28.7 厘米，现收藏于北京故宫博物院。

中国古代绘画不仅技艺精湛，风格独特，在笔尖之下更蕴藏着数不尽的动人故事。淡雅墨色之中，千里江山跃然纸上，作者心境暗藏其间；缤纷炫彩之内，各家帝王神采飞扬，盛世景象淋漓尽致。与今天略有不同的是，现在我们大多将绘画归于艺术门类，而在古代，许多画作也有着记录事件定格瞬间的作用。著名的《韩熙载夜宴图》就是这样一幅展现南唐重臣家中夜宴的画作。一名重臣、一次夜宴、满堂宾客，五段场景，声色犬马、纸醉金迷的背后，主人公内心深处的忧虑与黯然神伤的神色也都被记录了下来。本该沉浸在欢乐气氛之中的韩熙载为何郁郁寡欢？这幅画作的背后，究竟潜藏着多少惊心动魄的秘密？

《韩熙载夜宴图》是一幅知名度很高的宋代画作，这幅画采用了片段组合的结构，以主人公韩熙载为中心，用五个片段反映了他在不同背景环境中的活动，画面人物刻画细腻、形象生动、色彩艳丽，是古代人物画中难得的珍品。

很多朋友对这幅画并不陌生，因为它有四个"不一般"。您要是仔细观察画面，还可以发现四个"对不上"。

先说说四个"不一般"。

首先，这幅画的历史背景不一般。唐朝后期，藩镇势力尾大不掉，愈发膨胀，于是掌握权柄的藩镇大员们甩开了衰落的唐王朝，割据称雄。从公元907年朱温建立后梁开始，在五十三年的时间里，中原经历了后梁、后唐、后晋、后汉和后周五个朝代。时间短的后汉仅历时三年，最长的后梁也只有十六年，那真叫做"乱哄哄，你方唱罢我登场"。公元960年，赵匡胤建立宋，标志着五代结束，但它也只是一个标志，因为曾经在中原周边的十个小国依然有部分存在，它们是后蜀、北汉、南唐、吴越、南汉、荆南等割据政权。

耐人寻味的是，在五代十国这个"超级乱世"里，本来应该是凭武力打天下的，可是他们的君主中，能干的武将少见，吟诗作赋的文人倒是出了好几个。做皇帝一个比一个昏庸，吟诗作画一个比一个出色。以绘画来说，后蜀孟昶最先设立国家画苑，培养专业画师。后来的南唐、北宋，都是照学他的样。中国最早的对联"新年纳余庆，嘉节号长春"也是出自此人之手。而南唐的李煜，在文采上就更加突出。

南唐前后历时三十九年，经历了先主李昪、中主李璟和后主李煜三位君主，最盛的时候幅员三十五个州，地跨今天的江西、安徽、江苏、福建、湖北、湖南等省的一部分地区，还曾经进攻了闽、楚两个割据政权。南唐偏安一隅，鱼米之乡，经济发达，文化繁荣，江淮地区在五代的乱世当中，也算得上**比年丰稔，兵食有余**（司马光《资治通鉴》），对中国南方的经济发展还是有贡献的。群臣也曾经向先主李昪进言，以经济实力为后盾，抓住其他政权内乱的机会北进，恢复李唐旧有疆域。但是李昪没这个魄力，说：不打仗好啊，**"使彼民安，则吾民亦安矣，又何求焉"**。（司马光《资治通鉴》）意思是说不打仗，他的老百姓安定，我的老百姓也平安。李昪这个出发点不错，可是别人会这么想吗？

到了中主李璟即位以后，思想与李昪不同了，他左右开弓，灭了楚和闽两个割据政权。虽然疆域有所扩大，但李璟奢侈无度，导致政治腐败、国力下降，后来还被后周夺去了长江以北的区域。丢掉了长江以北区域，对南唐的打击很大，南唐失去了重要的盐产地，财政日益窘迫，这就迫使南唐政权不得不加重赋税，百姓怨声载道，国力逐渐衰落。李璟被迫下令去掉帝号，改称"国主"，史称"南唐中主"，正式向后周称臣。

所以到了后主李煜，也就只有写写诗词的份了。江南的富庶对定都开封的宋政权来说，有着极大的吸引力。开封缺粮食，这也就决定了不管南唐怎样委曲求全，都要时时面临被宋政权吞并的危险。

第二，授命画这幅画的君主不一般。公元961年后主李煜继位的时候，赵匡胤已经称帝。尽管南唐一再示弱，纳贡称臣，甚至下令去除掉"唐"的国号，改称"江南国主"，以表示尊奉宋朝，但是南唐依然时时处在宋朝的威胁之下。

李煜算得上中国历代君主当中的另类。首先他长得就不一般，陆游在《南唐书·后主本纪》中写道"广颡丰颊骈齿，一目重瞳子"，形容李煜是大脑门、宽下巴的盘子脸，龅牙齿，还有一只眼是"重瞳"，现在的说法叫白内障。李煜一开始也没想当皇帝，他自称是隐者居士，研读佛经，不问政事，因中主李璟的太子李弘冀早逝，这才轮到他头上。李煜在位十五年，始终面临被宋王朝吞并的压力。也正是这种处境，李煜的词就从风花雪月、男女情事转向了题材更广、意境更深的身世家国，被后世称为"词帝"。

南唐后主李煜多才多艺，工书善画，能诗擅词，通晓音律，尤以词的成就最大，现存世李煜的词尚有三十余首。词的内容可以分为前后两期，前期词主要反映宫廷生活和男女情爱，在部分词里也流露出沉重的哀愁。后期词反映亡国之痛，哀婉凄凉，意境深远，极富艺术感染力。

第三，画这幅画的目的不一般。为了对抗宋朝，维持南唐的宗庙社稷，李煜也在寻找能臣干将，而他看中的就是韩熙载。韩熙载到底能不能用？李煜派了顾闳中、周文矩两位画师到他家窥探，将所见所闻画出来，以供他分析研判，于是就有了这幅《韩熙载夜宴图》。它不同于一般的创作型画作，描绘的性质不一样，是具有情报的性质。

第四，画中的主人公韩熙载不一般。韩熙载原是山东贵族，年轻的时候曾有远大志向，因父亲被后唐诛杀，于是逃到江南。韩熙载曾经对朋友说：如果江南君主能启用我做宰相，我就能率兵北上，平定中原。年轻时韩熙载身体素质相当好，又博学多才，写得一手好文章，在京洛一带已经富有盛名。

生逢乱世，每一位士子都有着平定战乱、匡扶天下的远大志向，自幼习武且饱读诗书的韩熙载也是如此。但是在《韩熙载夜宴图》中，我们却看到了一个沉迷酒色、不思进取，但又郁郁寡欢的韩熙载，似乎曾经的少年壮志，早已不复存在。结束乱世的理想与抱负，也随着府中的靡靡之音消散无踪。韩熙载经历了什么令他如此心灰意冷？作为三朝元老，难道对南唐的亡国之路毫无察觉吗？

问君能有几多愁，
恰似一江春水向东流。

南唐先主李昪登基的时候，韩熙载已经在他身边了，但李昪没有扩充南唐领地的志向，他把韩熙载安排为秘书郎，照顾太子李璟，说：今天重用你，希望你能自觉地端正行为，辅佐好我的孩子。不过韩熙载对这个安排不太满意，于是每天在东宫跟太子谈天说地、论文作诗，日子过得倒也安逸。太子李璟在交流中对韩熙载的才学有了进一步的了解，而且李璟确实有拓展疆土的抱负。没几年时间，李璟继位，韩熙载以六品官赐绯服，就是可以以六品官职穿五品及以上官员的红色官服。后来韩熙载又升为中书舍人、知制诰，替皇帝写诏令，他办的几件事李璟也很满意。不过韩熙载此人恃才傲物，不会处理人际关系。后主李煜继位后，任韩熙载为中书侍郎，还想进一步任用他为宰相。《新五代史》记载**"煜尝以熙载尽忠，能直言，欲用为相，而熙载后房妓妾数十人，多出外舍私侍宾客，煜以此难之"**，所以李煜就派了画师去现场观察。李煜写过"问君能有几多愁，恰似一江春水向东流"，韩熙载到底能不能重用？也让李煜愁一愁了。

严格地说，从当时的外部环境来看，不要说扩大疆域，能保住现有的小地盘都很难，于是韩熙载的生活态度也发生了变化。他蓄养乐伎、广招宾客、宴饮歌舞，有时候自己手头没钱了，就换上破衣服，装成盲乞丐的样子，让门生舒雅手里拿着牙板敲敲打打，去向他供养的乐伎乞讨，再不够用就直接向李煜要钱，说：我没钱花了。李煜只好额外再给。所以韩熙载是个有才情但不务实的人物，错过了施展抱负的时机就放弃理想，此人仅能自保，难有作为。

李煜曾经想拜韩熙载为相，这在诸多典籍中都有记载，是确凿无疑的。但因为韩熙载有很多不好的传闻，李煜想知道真相，以便确定是否可以重用他，这也很可能是李煜派人去韩熙载家绘制夜宴图景的原因。那么年轻时曾经立志报国的韩熙载，此时纵情声色，躲避拜相的真正原因是什么呢？《韩熙载夜宴图》到底记载了一个怎样的夜宴故事呢？

是卷後書小傳云熙載以朱涯时登進士第躭聲色不事名
拮慥為別卷載陸游所撰熙載傳則云唐同光中擢進士第
元宗的瓦定相逆事業而闊陿又尝畜妓其福伎周
時熙載點捻命祝非常而卷而載出多不因召品侩尓责纪
载之不可书係亦此及考欧陽五代史云熙載畫嵬徒立言又
云後髙妓妾不十人以此不得以相親亭與李家涸酌脥詇
之語意荃笔甚壮及周师浚淮之役竟不能有所為則云仝
不免於大言妄尝非号辭寓之实围者쭚两又载後之個黄
家宾令闵中攀丹寿以進鉴非非洔季之昊臣髙予寿色
游戲浚賒受於後世手弦闵十迳卷绘事特精妙於叔之秘笈
甲觀中以備鋆戴乾隆癍識

> 夜听琵琶曲

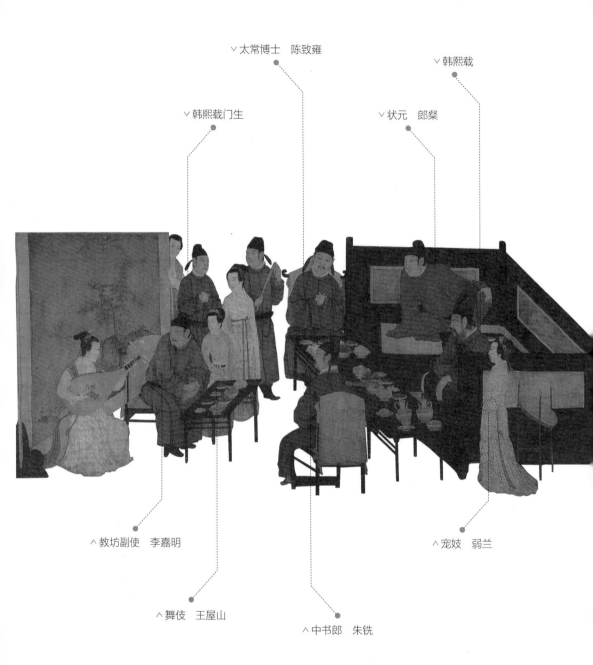

∨太常博士　陈致雍

∨韩熙载

∨韩熙载门生

∨状元　郎粲

∧教坊副使　李嘉明

∧宠妓　弱兰

∧舞伎　王屋山

∧中书郎　朱铣

《韩熙载夜宴图》一共描绘了四十六个人物，女子二十六人，男子二十人，其中有人是多次重复出现的。画面内容用屏风分为五段。

第一段
夜听琵琶曲

夜宴开始，众宾客在听琵琶独奏。这时应该是用过晚宴以后，所以茶几上只摆了若干果盘，没有大菜。一女乐伎端坐在屏风前面，手弹琵琶。在场的七男五女，没有人吃果品，也没有人说话，画面上似乎能"听到"美妙的琵琶声。是因为琵琶的优美音色吸引了大家，还是因为今天来了两位宫廷画师，每个人心中保持着戒备？所以仔细揣摩画面，真的是动中有静、静中有动。静，就是大家静静地听演奏；动，就是每个人的心思都不一样。韩熙载头戴高帽，正襟端坐在床榻的最佳位置上，其上方穿红衣盘坐的是状元郎粲。郎粲年轻又喜欢歌舞，是韩熙载夜宴上的常客，他听得很专注，身体不自觉地向前倾斜。琵琶女身边侧坐着一位留有三缕青髯的男子，据说是琵琶女的兄长——教坊副使李嘉明。李嘉明身后坐着一位穿着蓝色衣服的女性，应该是跳舞的王屋山，因为在整个画卷的侍女中，只有她一人身着一件长裙，中间系腰带，与其他女性身穿上下两件不一样。正面坐着的应该是太常博士陈致雍，背对画面侧身斜坐的是中书郎朱铣，这两位都是有名的高官。在屏风前站立的两位青年人，其中一位应该是韩熙载的门生舒雅，而站在韩熙载身边的是他的宠妓弱兰。

第二段
羯鼓伴舞

与第一段不同，此段画中众人开始放松自己，除了德明和尚比较拘谨以外，其他人都面露轻松。德明和尚是韩熙载的挚友，韩熙载曾经向他道出自己的心里话，说：我这样做，正是要回避宰相的任命。画卷中，韩熙载已经脱了青绿的外衣，葛麻外衫套在白袍外，自击羯鼓为舞娘伴奏。站在韩熙载身边的是李嘉明，此人在演奏方面是专业人士。在众人的目光之下，舞伎王屋山跳起六幺舞，随着节奏扭动腰肢。六幺舞是与刚劲的男子剑舞相对应的一种软舞，王屋山舞姿柔美，轻盈飘逸。一人打牙板，两人鼓掌，主人亲自击鼓，穿红衣的状元郎郎粲姿态放松的观看表演。只是韩熙载在击鼓的同时，眉头紧

锁，并不开心，自己的表演会给前来观察的画师留下什么印象，令人难以琢磨，所以他时刻不敢放松自己。这一段妙就妙在德明和尚与韩熙载两个人是苦闷的，但两个人的表情又大不相同。

> 王屋山起舞

德明和尚

韩熙载击鼓伴奏

羯鼓伴舞

第三段
沐手小憩

　　韩熙载打鼓打累了，到私舍处小憩。画中有一支燃烧的蜡烛，暗示着时间。除了自家的侍女以外，这里没有外人，所以韩熙载这个时候是真的轻松下来，他披上了外衣，坐在床榻边，一边沐手，一边好像在跟对面的舞娘说笑，可是又不失端庄。同榻陪坐的其他女子也不拘束，各自谈话。床榻旁还有两位侍女，一人扛着曲项琵琶，而另一位身材娇小的端着饮具，两个人彼此逗趣。这段画中人物没有中心视点，各干各的。可以说经过前两场活动的紧张氛围，人物在这里总算放松下来了。也许只有这个小片刻，才能让韩熙载稍事休息。

∨偷闲侍女

∧沐手小憩

^ 五女吹笛

^ 李煜派来的画师

^ 韩熙载袒腹高坐

―――― 第四段 ――――

五女吹笛

　　这一段画面里韩熙载脱去了外衣，只剩下一件贴身的白衫，袒腹高坐、执扇轻摇，身边的侍女在谈笑。也许是刚才小憩时出汗了，也许是故意把衣服脱掉让来人看看自己并没有什么隐藏。请大家注意，敲击牙板的人的身后，屏风处站着一位蓄着络腮胡子的人，这位男性前面没有出现过，他应该就是李煜派来的人。有他在，除了担任伴奏的李嘉明，其他官员都知趣地躲开了。除了打牙板的李嘉明以外，在场的人没有一个是在认真听吹奏表演，到了这个时候，距离夜宴结束已经不远了。

∧ 曲终人散意未尽

∧ 韩熙载倒握双鼓槌 立掌礼别

曲终人散意未尽

　　参加夜宴的人彼此告别，韩熙载重新穿上淡褐色外衣，一手倒握双鼓槌，似乎击鼓方停，几番喘息后才平静下来，另一只手立掌礼别。画作表现出来的场景、人物活动，化解了君臣之间的试探与猜忌。

一场奢华夜宴的场景，最终绘成了一幅画卷呈送给了李煜，这幅佳作鲜活地展示了南唐贵族奢侈而神秘的夜生活。觥筹交错、缓歌慢舞，宾主们通宵达旦地纵情声色，似乎这位历经三朝的南唐重臣、李煜心中理想的宰相人选，已经不再关心国家之事，无法再被委以重任。但是通过对画作的分析，我们也可以发现其中存在的诸多疑点，给这幅画作的真实性打上了一个大大的问号。那么《韩熙载夜宴图》都有着哪些疑点？李煜与韩熙载的关系又会因这幅画作产生怎样的变化呢？

　　整幅画看完了，我们发现有四个"对不上"。

　　第一，作者对不上。

　　我们现在认定《韩熙载夜宴图》的作者是顾闳中，顾闳中是南唐画院的待诏，也就是国家画院的高级画师，《韩熙载夜宴图》是顾闳中唯一流传下来的作品。这幅画画工精细，人物的胡须都是一根一根清晰可见，乐伎们穿的衣裙上还要画出暗花。前面说过，这是一幅"情报作品"，情报是讲究时间效率的。李煜派顾闳中去打探情况，回来问：你看当时的情况如何？顾闳中说：皇上您别急，胡子还没画完呢，我得接着描。这可能吗？所以现在多数研究者认为，这幅画应该是南宋时的摹本，而且临摹中还有再创作的成分。比如官员不分品级穿着青一色的绿袍子，这个是南唐投降北宋以后，北宋规定的服色。再有就是桌上的果盘、酒器，具有明显的南宋景德镇瓷器的特征。所以这一幅《韩熙载夜宴图》中所画的内容不是当时顾闳中所能预见的，用他的名字，是人们对原作者的尊重。准确地说，这幅画应该是顾闳中原作，无名氏临摹。

第二，标题对不上。

明代书法家程南云为此画题名《韩熙载夜宴图》，可是画中的主要内容是宴会后的舞乐活动，画卷上只看到摆了几个果盘和面点，甚至连副碗筷都没有，怎么能算得上宴呢？所以从内容看，如果说是《行乐图》可能更靠谱一点。

第三，人物出场次序对不上。

随着画卷的推进，韩熙载的外衫穿了脱，脱了又穿，有这个必要吗？特别是送别的时候，明明才从座椅上下来，手里又拿起了鼓槌，难道还准备继续敲打？因此有研究学者认为，这幅画在装裱的时候，有人把次序颠倒了。那么亲爱的读者，您觉得拿鼓槌的韩熙载出现在哪里才合适呢？

第四，烛光与照明面积对不上。

画面当中有演奏，有舞蹈，有休息，即使所有活动都在一间大房子里，房子面积应该也不会太小。可是纵观整个画面，只有一支点燃的蜡烛，从照明面积来说，无论如何一支蜡烛也是不够的，所以这支蜡烛在画面上起着标志作用，是代表夜宴时间过半了，还是说已经到了掌灯时分。如何理解，就看大家见仁见智了。

作品完成以后，顾闳中把自己看到的场景一丝不苟地描绘下来，呈给了南唐后主李煜。李煜看后大怒，放着那么多国家大事不做，在这里挥霍享受，于是李煜又把这幅画转交给了韩熙载。李煜头脑简单得不一般，这不是把顾闳中出卖了吗？不过韩熙载看了此画以后，知道李煜不会再让他做宰相了，倒也放下心来了。韩熙载的真实想法是，宋王朝一直对江南虎视眈眈，一旦真命天子出现，我们连弃甲的时间都没有，在这种情况下，我怎么能去当

∧ 不分官阶统一身穿绿袍

∧ 具有南宋景德镇瓷器特征的酒器

一国宰相，日后成为别人茶余饭后的笑料呢。

韩熙载的政治抱负和理想完全破灭了，自觉当亡国俘虏的命运不可避免，个人内心的感受和客观现实，错综复杂的情感和矛盾在折磨着他，使他除了以声色自娱来安慰和消磨自己以外，已经别无出路。没过多久，六十九岁的韩熙载病逝。李煜下诏，追赠韩熙载为右仆射、同平章事，这也是位同宰相之职。

韩熙载的死对宋和南唐的关系没有任何影响，北宋一再要求李煜到开封面见太祖皇帝，李煜不敢去，以各种理由来推脱，同时也在暗地里做好战争准备。

韩熙载去世四年以后，宋太祖以李煜拒命不朝为由，发兵十万，用一年零两个月的时间，灭掉了南唐。李煜奉表投降，去开封写人生最后的诗词了。

又过了四年，吴越王钱俶应宋太宗赵光义之邀，赴开封纳土于宋，把领土交给宋朝。这样，五代十国的历史到此全部结束。

＜蜡烛

《韩熙载夜宴图》是古代绘画艺术的重要代表，其作品造型准确精微，线条工细流畅，色彩绚丽清雅，不同物象的笔墨运用又富有变化，尤其在色彩运用方面，更是丰富、和谐，侍女的素妆艳服与男宾的青黑色衣衫形成鲜明对照，而这样一幅"生于乱世"的上乘画作，也是几经辗转才于故宫重见天日。那么，这样一幅承载着南唐历史的重要画作是如何延续至今？在流传过程中，《韩熙载夜宴图》又经历了怎样的波折呢？

这幅画的流转在历史上多有记述，末代皇帝溥仪将此画带到东北长春伪满宫中。抗战胜利后，伪满宫中有一部分珍宝流落于民间，《韩熙载夜宴图》也在其中，辗转流落到北京玉池山房。

著名画家张大千曾经一度借居在北京颐和园，他打算在北京定居，正好有一处清王府待售，张大千看后很满意，便与房主谈好价钱，交了订金。有一天，张大千从一位古玩商口中得知，《韩熙载夜宴图》被北京玉池山房购得，张大千闻讯就想买下这幅名画，当晚就到北京南新街一位姓萧的朋友家商量，这位朋友的儿子萧允中是张大千的学生，朋友就让他陪着张

大千去玉池山房看一看。玉池山房马老板索价五百两黄金，张大千答应了，带着画卷回到朋友家，经过与朋友一起鉴赏，两人断定此为稀世名画，是真品。张大千当下决定暂缓购买王府的房子，先把这幅画买下来，他还专门刻了印章"南北东西只有相随无离别"，加盖在图卷的跋文前面。

1952 年，《韩熙载夜宴图》由国家购回，收藏于北京故宫博物院，画卷又回到了紫禁城。古画流传千年，这得力于收藏家的珍爱和专业工作者的精心呵护。无论原作还是复制品，我们都要有一颗敬畏之心，这是祖先留给我们的珍宝，要在我们手中继续传承下去。

汴京城里说世俗

BIANJING
CHENGLI
SHUO
SHISU

《清明上河图》

（北宋）张择端

中国十大传世名画之一，绢本设色，长约528厘米，高约25

厘米，现收藏于北京故宫博物院。

说到北宋，我们能想到的是李清照婉约缱绻的《如梦令》，是温润如玉的汝窑，是宋徽宗细瘦如筋的"瘦金体"书法，而若论宋代绘画，最广为人知的则莫过于张择端的《清明上河图》了。北宋时期"一曲新词酒一杯"的吟咏时代距今天已然遥远，然而北宋丰富的市井生活与繁盛的城市风光，所幸被定格在了《清明上河图》之中。借助这幅传世名画，后人得以一窥汴京城的繁华与富足，感受千年宋韵的万种风情。那么，我们今天究竟应该如何赏析与解读《清明上河图》，通过对它的细品慢读又能揭开哪些被时间遗忘的历史真相呢？

如果我们到街上去做一个随机采访，问问大家知道哪些著名的中国古画，排在第一位的十有八九是北宋张择端的《清明上河图》。为什么呢？这幅画编入中学历史课本，已经被国人所熟悉。

今天我们把这幅千古名画再浏览一遍。

∧ 赶驴入城

∧ 抬轿赶路

∧ 向郊外赶路

　　画面从郊外两人一前一后赶着五头毛驴向城里送炭开始，这一段画面上人迹稀少，空气清新。河边的断头柳刚刚开始发芽，而槐树的枝芽还没有萌发。经过一片空旷的场院，画卷往前走，一群人抬着轿子，挑着收获的猎物，走在从城外通向城里的道路上。在这队人左前方，两位骑驴的老人在三位仆人的陪伴下反向而行，向郊区走去，城外清晨的风更大，温度更低一些，骑在驴上的两位老者戴着风帽。两条路的交叉口，老人带着一个孩子，这时有一匹马受惊了，情况很紧急，孩子很危险。汴河边的码头上，力夫正在忙着卸货，旁边还有一位算命先生在向路人兜揽生意。码头的对岸有酒店、饼店、酒馆，还有香烛纸马店，汴河上下充斥着劳作的气氛。经过几条停泊的客货船，来到画卷中人口最密集的虹桥一段。虹桥下面，一艘大船因为过桥需要放下桅杆，但是逆水行舟失去动力，出现了翻船的危险，于是大家都在紧张地撑着船。而桥上则是各种生意，吆喝叫卖，大多数人都在为生活而忙碌。在城门内外，处处显示出一种繁华的氛围，抬轿的、赶牛的，还有来自波斯的骆驼队。城门上面有一个人正在四处张望，这位是火情观察员。城门下面可以看到有税务所，官员紧张地处理公务。十字街头车水马龙，附近有挂着"久住"招牌的旅店、挂着"香饮子"招牌的冷饮摊、挂着"刘家上色沉檀栋香"的香料店、挂着"解"字的当铺、说书的、算卦的，一群闲人在看热闹。在画面的尽头，有一家"赵太丞家"医馆，几名妇女正在给孩子喂药。医馆隔壁的门外有到京城投亲靠友的人，背着大包袱，正在向门口的家丁询问。全部画幅到此结束。

这幅《清明上河图》最初画在绢上是上色的，但是古代中国画的很多颜料取材于植物，随着时间的久远会逐步褪色，所以现在看起来颜色很淡。

∨力夫卸货

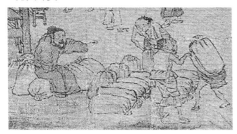

∨算命先生

∧ 撑船过桥

∧ 穿门而过波斯骆驼队

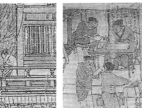
∧ 火情观察员

∧ 税务所

∧ 刘家上色沉檀栋香香料店

∧ "解"字当铺

∧ "久住"旅店

∧ "香饮子"凉棚冷
饮摊

∧ 说书 算卦

∧ "赵太丞家"医馆

∧ 门外询问

首先，它是宋代以来人物画题材扩展的代表作。魏晋以来，人物画兴盛，但主要的描绘对象局限于帝王、官僚和神仙。到了唐朝虽然有普通人物出现在画中，但也是宫廷侍女一类。这是有客观原因的，一来古代人对衣着颜色有着严格规定，帝王、官员和直接为他们服务的人才能身穿各种颜色的服装，而老百姓只能穿本色布，后来也只对黑色和规定之外的杂色有所放宽。当然，想象中的神仙也能享受着人间官员的待遇，服饰颜色自然也是五彩缤纷，画这些人物能展示色彩的效果，吸引眼球。老百姓一身本色麻布，色彩上就显得单调许多。二来这些人物的活动阵势大、仪仗多，值得书画的内容就很丰富。三来作画的人本身就是政府的官员，他们对这些内容更为熟悉。但是到了宋代，因为建立了国家画院，很多人为了成为国家画院的画师，在城市中学习绘画，结果是有些人确实进入了画院，但是还有很多人进不了国家画院，他们就成为了民间画师。民间画师对官员的生活不太了解，但是对老百姓的日子有充分的观察和体验。于是在北宋年间，人物画的描绘对象井喷式地丰富起来，戏子、小贩、儿童、老人、僧侣等都成为人物画的题材。在《清明上河图》中，首次出现了外卖小哥、交易中介、乞丐等百姓人物形象，反而是少数的朝廷官员，却处在画卷的角落里。五行八作，贩夫走卒成为了画中的主角。

其次，人们在欣赏《清明上河图》中描绘的各类社会风俗时，也看到了史书文册中疏漏或者难于表达的社会生活细节，让我们对历史的本来面目认识得更为全面和清晰。特别是《清明上河图》作为一种绘画题材，在后来的各个历史朝代都有类似的画作。当把这些画作集合起来时，就能呈现出一份清晰的中国商品经济发展史。

再次，《清明上河图》以极大的人民性得到了社会的普遍认可，它的美学价值，直到今天在生活中仍然被广泛地运用。

最后，这幅画创造性地运用了传统中国画的审美原则。

第一，作画的布局体现了"疏处可走马，密处不透风"的传统范式。客观地说，《清明上河图》中一些对人物的刻画确实有不够精细的地方，但是全画看下来又感觉十分顺畅，这就得益于整幅画的布局。从郊外人口稀少到码头边逐步地兴旺，一直到虹桥成为第一个人口密集的高峰，然后到城门外人口数量略有起伏，孙羊店又成为画中第二个人口密集的中心，最后至画尾，人口活动减少，有如乐章的结束，整个画卷的布局有着强烈的节奏变化。第二，画面不是简单地复制生活原型，而是具有精炼的艺术概括力。除了对背景环境的选取与组合以外，还突出地表现了画面人物之间的联系。第三，散点布局，以一当十。如勾栏瓦肆，史书记载围观看客往往数十乃至上百人在欣赏，但画卷上表现出十几位观众就已足够了，如果硬生生地画上一大片，反倒弄巧成拙，味同嚼蜡了。

《清明上河图》生动描绘了北宋时期都城汴梁的城市风貌和各阶层人民的日常生活，那是"烟柳画桥、风帘翠幕"的风光，那是"市列珠玑、户盈罗绮"的繁华，它见证了汴京城当年的盛况，反映了北宋时期的城市发展。这幅独一无二的社会风格画卷，在长达五米多的画幅中，绘就了数量庞杂的人物、车马、船只、建筑等，繁而不乱，多而不杂，段落分明，错落有致，具有极高的艺术价值和历史价值。那么，在这幅以普通百姓为主的长卷里，都出现过哪些人物形象？画中的孩童又有哪些特别之处呢？

作为一个全景式展示北宋社会生活的画作，张择端的《清明上河图》到底画了多少人物呢？似乎大家统计的标准和数目也都不太相同，难点在哪呢？难在画多少才算一个人。比如，画了身子没画脑袋，算不算？或者只画了一个脑袋没有身子，算不算？或者局部只画了一段胳膊、画了一只脚，算不算？笔者是以能确认出是一个人为标准，在影印本上逐个标记计数，统计结果是七百一十三个人。当然，也可能有疏漏，或者数量再多几个人。这七百多人里，在街上看热闹的闲人最多，有一百二十人以上；其次是力夫，就是拼力气糊口的劳动者，包括马夫、车夫、挑夫、船夫、纤夫等七十多人；再次是官员和他们的侍从，共二十一人；此外，还有摊贩十四人、食客三十一人、老人十二人、儿童二十七人。

《清明上河图》中，从卷首到卷末都有分布的人物就是孩子和老人。

打开画卷的时候，最先看到的是略显荒凉的郊外小河边，两个人赶着五头驴走来，而走在前面的赶驴人，是一个梳着双髻的孩子。《清明上河图》中的孩子有劳作奔波的，有自己在街上玩耍的，也有由男性家长带着或者女性家长抱着的，还有一个年幼的乞丐。

而画卷中出现的第一个孩童，同时也是一位劳动者。画卷中看上去像他这般年纪的孩子，有做书童的，也有做帮工的，一共有七人，占到孩子总数的四分之一。穷人的孩子小小年纪出来打工谋生，这在古代也是很平常的事。在护城河边上，闲游的人群里还有一个儿童正在伸手讨东西，这分明是一个小乞丐。

∨乞儿

北宋已经有救助孤儿的制度：一是设立居养院机构收养被遗弃的儿童；二是政府补助收养流浪儿家庭；三是遇到寒冷的坏天气，由福田院收养老疾幼孤，管到天气转暖。但官府的收养人数是有限的，如果找不到寄养人家，也就只有沦为乞丐了。

在护城河边上，小乞丐左右各有一位衣着光鲜的小官人，彼此形成了鲜明的对照。大家熟知的砸水缸的司马光，就是这样的小官人。司马光除了砸水缸以外，七岁就喜欢读《春秋左氏传》，二十岁中进士，长大后编撰出二百九十四卷的《资治通鉴》。很多人不知道的是，司马光在洛阳还建了一个花园，取名"独乐园"。他自己有时候去逛一逛，但是他不在的时候，别人也是可以进来玩的。

∧ 小官人 ●┄┄┄

∧ 吵闹的幼童 ●┄┄┄

在《清明上河图》中，除了抱在怀里的孩子以外，站立行走的孩童多数是由男性家长带领着。古人也爱聊天，画中老人带着小孩却和邻居一直在交流，孩子已经站得不耐烦了，张开双臂要爷爷抱。看到这幅画面时您有什么发现吗？想来古代也有熊孩子吵闹，但是在整个画卷中，我们找不到责打孩子的情景。对于孩子应该怎样教育，古时人们就积攒了很多的经验，后来形成了"七不责"。"对众不责"，即大庭广众之下，不要责备孩子，免得伤了自尊心，伤自尊心以后有了逆反心理，教育效果会大大下降。"愧悔不责"，如果孩子已经为自己做错事感到羞愧、后悔，大人就不要再责备了。"暮夜不责"，意为晚上睡觉前不要责备孩子，这时候如果教训孩子，让他带着沮丧失落的情绪睡觉，无论是睡不着还是做噩梦，对孩子的身心都不利。"饮食不责"，讲的是正在吃饭的时候，不要责备孩子，这样容易导致孩子脾胃虚弱。此外，还有"欢庆不责""悲忧不责"和"疾病不责"。

那么，孩子还要不要教育呢？当然要，最好的方法就是引导。年幼的王安石在翻阅《开元天宝遗事》时，看到书中写道李白做梦，梦见自己的笔头上开出一朵美丽的花，由此才思横溢，后来名闻天下。于是王安石拿着书问老师：真的有生花之笔吗？老师说：有，就是肉眼看不出来。王安石又问：老师你帮我找一支行不行？老师拿来一捆笔说：这里面就有一支。你每天拿一支去写文章，写秃了再换一支，最后一定能找到。于是王安石按照老师的教导，每天苦读诗书，勤练文章。写秃了五百多支笔，还没找到。王安石又去问老师，老师为他写下"锲而不舍"四个大字。又过了很久，王安石把老师送他的九百九十八支笔都写秃了，仅剩最后一支。这天深夜，王安石提起第九百九十九支毛笔，写了一篇策论，写作中文思泉涌，行笔如云，一挥而就。他高兴地跳起来，大声喊道：找到了！我找到生花的笔了！从此，王安石用这支生花之笔继续学习，接着乡试、会试，连连及第。后来写出许多改革时弊、安邦治国的好文章，被后人称为"唐宋八大家"之一。这段故事当然不是真有其事，只是引导孩子刻苦学习的传说。

与北宋的实际情况相比，张择端在《清明上河图》中有没有该画而没有画的呢？有，就是没有反映孩子们读书的画面，因为北宋是一个学习的盛世。汉代选拔官员是举荐制。隋唐开始实行科举制度，通过考试来选拔官员。到了唐朝，还需要有地位的人推荐才行。直到宋代，才是平民百姓只要通过学习达到标准，就可以参加科举考试，学习改变命运变成了现实。当然，学习改变命运，不是指学习了就能改变命运，而是得认真学习，成绩好才能改变命运。宋真宗赵恒还亲自写下《励学篇》，鼓励孩子们刻苦读书。这样一来，即使家庭条件不是很好的孩子，也尽可能地拼命苦学，争取改变命运的机会。北宋名臣范仲淹小时候家境困难，他每天煮一锅粥，等冷却凝固后划成四块，每顿饭就着咸菜吃两块。读书困了，就用冷水洗把脸。也有同学把好吃的送给他，但范仲淹不吃，理由是吃了好东西以后，就吃不下冷粥咸菜了。还有一次，皇上驾临范仲淹所在的应天府，就是今天的河南商丘，同学们都跑去看热闹，范仲淹仍然在房间里静心读书。别人劝他去看看，范仲淹说以后再见皇上也不迟。范仲淹在

二十六岁时考中进士，后来做到参知政事，相当于副宰相的职务。

《清明上河图》画卷里最后出现的孩子，正在赵太丞家的诊所里看病，由妈妈抱着服药。北宋是中国儿科发展的重要阶段，小孩子语言能力有限，生病以后只会哭或者昏睡，年龄稍大一点的也未必能讲清病情。儿童用药更得慎重，剂量小了不管用，剂量大了伤身体，所以中医过去有"宁治十妇人，不治一小儿"的说法。山东郓城人钱乙，专业从事儿科四十年，积累了丰富的临床经验，堪称我国医学史上第一个儿科专家。《清明上河图》中的赵太丞相当于皇家医学院的官员，按照北宋的规定，官员没有授予实际职务时是可以自己经营谋生的，所以赵太丞开家诊所也不足为奇。还要提到的是，赵太丞家的柜台上还放着一把算盘，这是被称为中国古代"计算器"的算盘进入实际生活应用的重要佐证。

《清明上河图》中不少生活场景里都有孩童的出现，借助史料，我们可以了解到北宋时期的官办"孤儿院"，古人的幼儿教育原则，乃至古代儿科医学的发展。也正是由于这些社会制度和社会理念的不断发展与完善，北宋才得以达到"太平日久、人物繁阜"的兴盛之景。那么，除了有儿童社会救助制度，北宋时期对于养老问题又是如何解决的？我们今天又应该如何客观看待这些举措呢？

聊完孩童，我们再来看看《清明上河图》里的老人。

《孟子》中讲道："老吾老，以及人之老；幼吾幼，以及人之幼。"中国人心中的善念，总是把老和幼相并列。

北宋的时候，男人是习惯留胡子的，所以在《清明上河图》中识别老人有一定的难度，不能因为有胡子就断定是老人。笔者是依据手杖和身形，可以确认的老人有十二人，其中为生活而忙碌包括带孩子的有九人，他们中有人摆摊卖药，有人骑驴赶脚，有人街头算命，真正闲来无事的不过三人。从画卷上看，上街的老人不仅走得动，而且还能够劳作。那么，不能上街的老人又怎么样呢？宋代是分几个层次来解决养老问题的。

首选是家庭养老，这也是中国传统的养老方式，能不能孝亲养老也是衡量一个人品德的基本标准。在汉代，举荐官员的时候，就有"孝廉"的要求。到了宋代，这个要求并没有降低。包拯中了进士以后要去当官了，但是父母年迈，不能跟着去，于是包拯只有辞官回家孝敬老人。在北宋，诗词书法与苏轼齐名的黄庭坚也以孝道著称，没有一天忘记儿子应尽的职责。

当时还有侍丁制度和权留养亲制度。所谓"侍丁"，是指对需要赡养老人的家庭，官府可以适当地减免税收和徭役。宋真宗天禧元年（公元 1017 年）六月下旨：**"父老年八十者赐茶帛，除其课役。"**（脱脱《宋史》）宋仁宗天圣元年（公元 1023 年）下旨：**"赐城中民八十以上者茶帛，仍复其家。"**（脱脱《宋史》）这些都算是对老年人的额外补助。宋朝的法令表明，宋代平民家里如果有八十岁以上的父母，可以免除家庭成员的"身丁钱"，并且免除其中一位男性服役的义务，以便让老人身边有子孙服侍奉养。

所谓"权留养亲"，是中国古代法系当中一项比较特殊的缓刑制度。犯了轻罪的人，如果父母年迈无人照料，官府可以不立即执行判决，允许犯人回家赡养父母，等赡养结束了再回来执行判决。如果孤寡老人无人送终，不管是没有孩子还是孩子死亡了，都由宗族来解决。宗族在古代具有官府以下民众自治的性质，对于没有后代或后代失踪的老人，**"生则族人养之，死则族人葬之"**。（《名公书判清明集》）

宋代也有私人积德行善，开办养老场所，但由于不是定制，也就难于稳定。中国自南北朝时期的后梁开始，国家也设立了救助机构。到北宋末年，政府设立福利院，京城的叫福田院，遍布州县的叫居养院、养济院，收养对象包括**"老疾幼弱不能存者，听官司收养"**。（《宋史》）

但是大家也别把宋代的养老制度、养老机构想得太好，有没有和好不好其实还是有很大距离的。据《宋史》记载，在宋代就有居养院因为资金被官员挪用而办不下去的，有的官员为了讨好上司，让上司高兴，给居养院提高规格，本来是**"置火头，具饮膳，给以衲衣絮被"**（《宋史》），就是有火烤，有饭吃，再有床被子就可以了。但是，县里办成了**"州县奉行过当，或具帷帐，雇乳母、女使，靡费无艺"**（《宋史》），意思是雇保姆、请奶妈，这样钱花得多了，自然也就维持不下去了。

老吾老，以及人之老；
幼吾幼，以及人之幼。

"王城五百车马繁，重帷默幕纷郊原。游人得意惜光景，恣寻复树登高轩。"这是宋代诗人晏殊在游人如织的春日里写下的《寒食东城作》。阳春三月，惠风拂煦，人们约上三五好友，遍游园亭，抵暮而归。透过千年的诗词回望，北宋这个时代也如春光般绮丽而曼妙。有学者认为，《清明上河图》描写的亦是一番春日丽景。那么，北宋年间普通百姓的生活究竟是什么样的？宋朝人的衣食住行又有哪些讲究呢？

先说说《清明上河图》里人们的衣着，衣着无外乎是材料、式样、色彩、保暖与否，但在宋代，衣着首先是社会等级制度的体现。据纪传体史书中专有《舆服志》记载，对于穿什么样的款式、用什么样的颜色、穿什么样的鞋，甚至头巾扎多高都有严格的等级规定。《宋史·舆服志》明确规定：**"宋因唐制，三品以上服紫，五品以上服朱，七品以上服绿，九品以上服青。"** 又有："**旧制，庶人服白。今请流放外官及贡举人、庶人通许服皂。**"官员穿丝质的锦、绫、绸缎，而且有不同的颜色规定。老百姓穿的以麻织品为主，或是没有染过的本色布，或是黑色，也有官府规定之外的杂色。所以，在《清明上河图》中，我们看到的平民以穿本色的衣服居多。此外，我们受戏剧里服装的影响，总以为古人穿的都是宽袍大袖，宋代确实有宽袍大袖的服装，但那是官员的礼服，是升朝议事的时候穿的。在《清明上河图》

^ 中介专用服 ● ----- ● ^ 僧人与道士身着宽大的僧袍与道袍

中，穿宽大袍袖的是僧人和道士。即便是官员，在日常生活中穿的也是窄袖或者是略宽一些的中袖。但是，在画中有几个人右手的衣袖特别长，这是做交易"中介"的工作服。为什么呢？两个人正在讨价还价，你说五两，我说三两，这时旁边来一位说：我出六两，我要了。这就叫"戗行"。于是就有了在袖子里摸手指讨价还价的规矩，这种不对称的长袖是职业服装。

在《清明上河图》中，临街店铺以茶馆和餐饮店最多。受画面大小的限制，吃的是什么表现不出来，不过南宋孟元老写的《东京梦华录》，在吃食方面记叙得十分详细。《东京梦华录》卷二《饮食果子》一节历数了流行的菜品，制作手法涉及煎炒烹炸腌、炙烧蒸煮炖，食材有猪羊鸡鸭、鹿狐獐兔、鹌鹑蛤蜊、鱼虾螃蟹，素的有莴笋生菜，等等。在经营方式上，既有街边的小摊点，也有只卖上等名牌好菜的高档酒店，还有送外卖的小哥。除了白天的

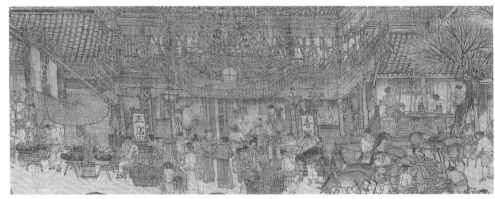

∧ 孙羊店

早点正餐，还有热闹的夜市。《清明上河图》里面描绘出了孙羊店和十千脚店，这是两家不同规模的酒店。孙羊店不仅有正店，还可以合法经营酿酒生意，后院摞起了很多酒缸，显示生意红火和经营规模。十千脚店经营规模略小，但经营方式更为灵活，门外还站着一位送外卖的小哥。至于食客，当年汴京城里有许多人是自己不开伙的，而是以在外就餐为主。至于官宦人家，自己制作餐食就更加精美，烹饪美食离不开调料。在北宋时期，调料的种类也丰富起来。

∧ 十千脚店

∧ 外卖小哥

我们再说住。从《清明上河图》的画卷看，当时的住房主要是砖木结构的房屋，兼有草屋存在。住在这样的房子里，最大的问题是防火。《东京梦华录》记载：**"每坊巷三百步许，有军巡铺屋一所，铺兵五人。""又于高处砖砌望火楼，楼上有人卓望。"** 这里所说的"步"，指的是左右脚各往前走一步，大约五百米就有这样一支专业消防队伍。一旦发现火情，立刻就有快马召集消防队伍集中起来灭火。

我们再看行。在没有机械动力的古代，水上行舟是最廉价的行动方式，画卷上的汴河码头，船舶云集。北宋的航运是以一定数量的船只编为一纲，晚上靠岸休息也必须聚在一起。《清明上河图》中描绘出来的每一纲船只都是客货混编，这样便于防止盗抢，也有利于船工倒班休息。至于陆路，代步的主要是骑乘和坐车，画卷中我们看到的大多是两轮车或独轮车，因为四个轮子行走对路面平整要求更高，没有两轮车或独轮车适应性强。为车提供畜力的除了牛就是驴骡，没有马匹，这也符合北宋没有草原，马匹供应紧张的状态。

《清明上河图》这样的名作，人物繁多，品类细节丰富，如果您细细端详，一定还会发现很多值得研究又有乐趣的市井生活小秘密。

∨ 密集的客货混编

第八章

千里江山一望收

QIANLI
JIANGSHAN
YIWANG
SHOU

《千里江山图》

（宋）王希孟

中国十大传世名画之一，绢本设色，长1191.5厘米，高51.5厘米，

现收藏于北京故宫博物院。

"千里江山寒色远，芦花深处泊孤舟。"这是南唐后主李煜所做之词，描绘的是南唐的江山，意外的是竟与一百多年后宋徽宗时期诞生的一幅千古名画有着异曲同工的妙趣。二者皆是表现山河无限，绵延千里之意，这幅名画便是如今珍藏在北京故宫博物院的《千里江山图》。与李煜的词不同，这幅画少了清冷情绪的渲染，更多的是波澜壮阔的气势，加之用色大胆鲜亮，更体现出一种朝气蓬勃，昂扬向上的意蕴，其间千山万壑、江河湖泊、水榭楼台，交错分布，相映成趣。那么，这幅流传了近千年的山水长卷的作者是谁？他为何仅仅用了不到半年时间就完成了这幅鸿篇巨制？《千里江山图》的背后还有哪些传奇故事呢？

本章我们欣赏中国传统画中的另一大类——山水画。自唐代李思训、王维等人开创，后经五代十国，山水画在技法上日渐成熟起来，画家们在对重峦叠嶂、古树寒林、怪石跌水的描绘中，寄托着自己的思绪情怀。宋代以来山水长卷的精品不断，表现手法也不断推陈出新，北宋王希孟的《千里江山图》就是其中的代表作之一。后世也有人以此题材作画，但难以超越其意境。

二〇一七年九月至十月，北京故宫博物院在午门展出北宋王希孟的《千里江山图》，又一次掀起了中国传世名画的轰动效应，参观者预约登记，到现场还要排队两个小时才得以一见此画真容。

由于参观的人太多，不得不限制每一位观赏者的时间，被形容为"排队两小时，观赏五分钟"。

对于这幅长度接近十二米，又以精细为特色的画作来说，五分钟连走马观花都算不上，以至于在询问大家观后感的时候，除了异口同声地形容色彩太艳丽了、太壮观了、太美了之外，对画卷上描绘的具体内容，反倒说不出来。好在现代的电子扫描和印刷技术的进步，使我们能够看到最接近原作的复制品，可以在放大镜下细细地观赏品味。如果要感受青绿颜料特有的美感和魅力，就只能等下一次北京故宫博物院展出的时候，大家再排队去感受了。

打开《千里江山图》，随着画卷移动视线，一幅不会动的山水画却透露出一种灵性，千百年来牵动着无数观者的心绪。那么，这样一幅画的背后又有什么样的故事呢？

> 跋文　蔡京题

要了解这幅画作，就离不开画卷后面蔡京的一段跋文。"**政和三年闰四月一日赐。希孟年十八岁，昔在画学为生徒，召入禁中文书库。数以画献，未甚工。上知其性可教，遂诲谕之，亲授其法。不逾半岁，乃以此图进。上嘉之。因以赐臣京。谓天下士在作之而已。**"

北宋的几代君主都是书画爱好者，宋徽宗更是书画高手，于是在后蜀孟昶、南唐李煜之后，北宋又一次在朝廷中设立翰林图画院，集中了一批优秀人才进行书画创作。为了培养新人，宋徽宗于公元1104年，在太学里增设画学，以科举考试的方法选拔学生。

《千里江山图》的作者王希孟正是画学的生徒，也就是学生。王希孟进入画学以后，起初他的画并不被赏识，于是被安排到管理税赋账册的文书库写字去了。王希孟不甘心就这样放弃绘画，于是不断地向皇上进献他的画作，终于被宋徽宗认识。徽宗认为他还算得上是个可以培养的人才，于是亲授其法，加以辅导。王希孟耗时半年时间，终于完成了这幅画，得到了宋徽宗的夸奖，并且把这幅画送给了蔡京。跋文的最后一句"谓天下士在作之而已"，"天下士"指的是有能力的才俊人士，"作"在这里是起用的意思。宋徽宗通过赐画，说明有能力的才俊人士，关键是要善于使用。

清朝康熙年间，吏部尚书宋荦在《西陂类稿》中提到这幅画，指出作者为王希孟，二十多岁便去世了。再后来，此画进入清宫，《石渠宝笈》中记载"宋王希孟《千里江山图》一卷"。至此，这幅画就从"丹青小景""青绿山水长卷"到有了正式名称。民国初年，这幅画流入民间。中华人民共和国成立后，收归国家文物局，现收藏于北京故宫博物院。

王希孟是中国绘画史上少有的仅凭一幅画作便名垂千古的青年画家，他的成名之作《千里江山图》长卷，描绘出了波澜壮阔的山水胜景，将绵亘起伏的远山与波涛浩淼的近水铺陈于纸上，借助鲜明的青绿色彩，刻画得气势磅礴又曲折入微，充分展示了祖国山河的壮丽雄姿，创下了北宋青绿山水写实的巅峰之作，千载以来独步于丹青世界。那么，如此动人心魄的山河画卷，描绘的究竟是何处的风景？青绿山水画与普通的山水画又有何不同之处呢？

说到《千里江山图》人们不禁要问："千里江山"画的是哪里？中国传统绘画的特点是既有依据又不完全写实，可以在现实的基础上加工调整，以便更好地显示主题的意境。《千里江山图》是进献给皇帝的，皇帝的龙椅是坐北朝南，所以这幅画的方位是上南下北、左东右西，画卷的内容从右方导入，两个相邻的大湖，又有群山拱卫的高峰，最后是江河入海。对照地图我们不难发现，类似的地貌在洞庭湖、鄱阳湖，庐山至长江口一线。

那么，一个虚岁十八岁的孩子能见过多少山？他怎么能知道如此大范围的地理状况呢？实际上，早在宋代，我国已经有了方格百里的绘图方法，人们对中原的地理环境还是基本清楚的。在西安碑林中绘

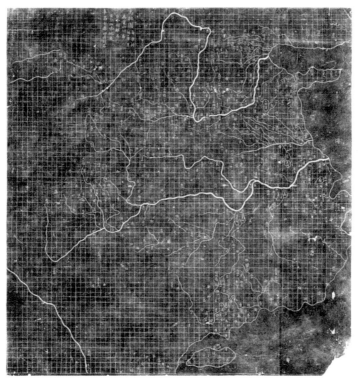

∧（宋）《禹迹图》

制着宋代的《禹迹图》，每一个方格代表
它的长和宽都是百里，图上洞庭湖、鄱阳
湖、庐山都赫然在目。王希孟曾在朝廷的

文书库房里工作，应该是有条件接触这些
图画的。

∧（唐）李昭道《明皇幸蜀图》局部，绢本设色，长 81 厘米、宽 55.9 厘米，现收藏于台北故宫博物院。

　　中国画作里最初是侧重描绘人物的，像《洛神赋图》中的山水树木只是象征性的背景，到了唐代依旧是以人物为重点，但是画山水的技巧开始有所提高。在一幅《明皇幸蜀图》中，山水部分已经在画中占了比较大的比重，并且开始使用来自矿石的石青、石绿做颜料。以前中国画的颜料多是从植物中提取，制作和使用都比较简便，优点是与墨色比较接近，缺点是容易褪色。好在中国画以墨色的线条为基础，即便有褪色，也不至于看不出画的是什么。唐代已经在山水画中使用石青、石绿，石青、石绿的颜料是蓝铜矿、孔雀石精细研磨以后使用，不容易变色，而且具有矿粉特有的反光，使画面显得富丽堂皇。到了元代，就有了"青绿山水"这个称谓。

这么好的画，宋徽宗为什么把它给了蔡京呢？北宋初年，为了削弱官员的权力，实行一职多官，以多设官员的方法达到互相牵制的目的。同时，朝廷为了防备北方的入侵，又多多养兵，由此增加了财政开支。日积月累，到了宋神宗时期，国家已经难以承受，于是就有了王安石的熙宁变法，试图进行改革。可没想到的是，从此朝廷的文官分成了新旧两派，你方唱罢我登场。改革推行不下去，内乱倒增加不少。到了宋徽宗时期，朝廷上下奢靡成风，不仅财政紧张，社会也不安定了。民间起事不断，宋江、方腊等发动了农民起义。于是宋徽宗就起用了属于新党的蔡京，试图再次进行改革。不料蔡京一来，先免一批官，再提一批官，改革还没落地，朝廷倒先乱了。再加上蔡京本人贪婪敛财，招致反对声一片，宋徽宗只有将他罢免。罢免了蔡京，国家的混乱依然如故，于是三年后再次起用。

王希孟完成《千里江山图》的时候，正逢宋徽宗再次起用蔡京的当口，画卷中磅礴的气势，祥和的氛围，与此前反对蔡京的官员们所说的社会混乱完全不同，宋徽宗送这幅画的目的就是暗示蔡京不拘于新旧派，大胆使用人才，也表达了对蔡京的信任和支持。客观地说，蔡京当政的时候，在推进社会救助制度方面还是值得肯定的。

细数历代帝王，其艺术成就远远高于政治成就的除了南唐后主李煜，便是宋徽宗赵佶了。若说李煜是多情词人，宋徽宗则是书画大家，后人评价他为"诸事皆能，独不能为君耳"。不论是诗书画印还是骑马射箭，他都有着浓厚的兴趣与天赋，在笔墨丹青上更是成就斐然。这样一位艺术型皇帝，并非没有自己的政治抱负，他在位期间，也曾力行改革，广纳贤才。他将《千里江山图》赠予蔡京，也许是将朝廷的希望寄托在这位权臣身上，然而宋徽宗的政治眼光却远不及他的艺术造诣，《千里江山图》的墨迹还未干透，他就被南下的金兵掳走，最终魂断异邦。那么这幅《千里江山图》究竟描绘了哪些山水风光？它又是如何通过绘画技巧来展现山河气势的呢？

▽ 洞庭湖

欣赏《千里江山图》画卷如此大的风景画卷，一是需要分段欣赏；二是在看景致的时候分析作者的用意；三是结合古典诗词的意境去领会，追求诗情画意的享受。

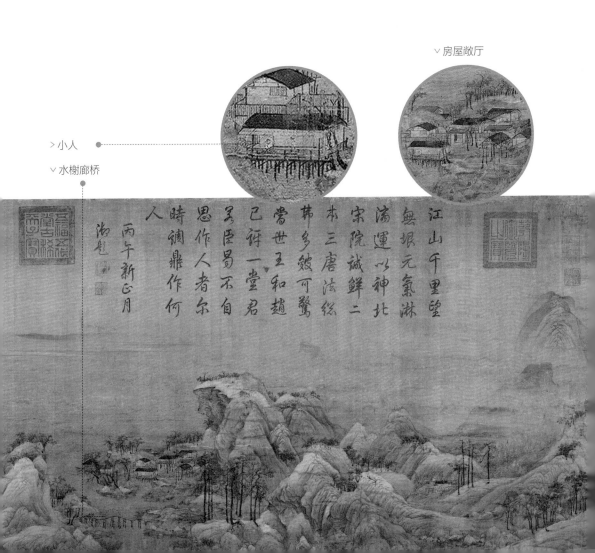

∨房屋敞厅

＞小人

∨水榭廊桥

人時獨鼎作何思作人者爾己許一堂君羣屋昌不自韓多皴可驚當世王和趙本三唐法絖宋院誠鮮二滿運以神北無垠元氣淋江山千里望

御題

丙午新正月

洞庭湖

开篇是由远及近的山峦，近一半的画面是广阔的湖水。从布局上说，尽管天空和山水占据了画面的大部分，但是以右下方的山峦和左上方的远山相呼应，保持了画面的基本平衡。大面积景色最忌讳没有深度的平面，而卷首开始就以模糊的远山与清晰的近山相对应，突出了画面深远的透视感，出手便已不凡，没有长期的绘画经验，是想不到这一点的。由于宋徽宗曾经批评王希孟的画"未甚工"，就是不够精细，所以王希孟极力在"甚工"上尽力，尤其是以深浅不一、粗细不等的线条，勾勒出湖水的波纹。由显到隐，细致入微，有的线条细到不足1毫米。细细地观赏这幅画，不仅佩服画作者的功力，也由衷地佩服当年制笔的工匠，蘸上墨汁还能画出这么细的线条。画中最耐看的，是山峰下的房屋和人物。山峦之下陆地的附近，

有两处比较集中的房屋建筑群，这些房屋以敞厅居多，加上水榭廊桥，这是文人们的休闲之地。不过，房前无菜地，房后无农田，紧靠篱笆的房子里似乎有厨师在做饭，由此估计王希孟也许从小生活在富贵人家，不知道米是从哪来的。房屋内外的小人，长度仅2到7毫米，如果用放大镜观察，还能看出人物的基本姿态。难能可贵的是，全画的各处房舍，在建筑风格上都是各具特色，没有重样的，可见这些小房子都是精心设计的。

中国画与西洋画的不同在于西洋画一般以一个视点为中心来体现透现的关系，近大远小，而中国画则常常是散点透视，就是有多个视点，远看大体合理，近看各有各的视点。《千里江山图》中的山峰，已经画到了山顶的平面，在现实中只有站在比山峰更高的位置，才能俯瞰到这

样的情景。如果站到这样的高度来看山脚的房子，那就只能看到屋顶了，毕竟从山顶往下看只有一个视点。而我们在画卷中，既看到了山顶，还看到树木的根，所以是山有山的视点，树有树的视点。

当年乾隆皇帝观赏《千里江山图》的时候心血来潮，在画卷开头部分赋诗一首："江山千里望无垠，元气淋漓运以神。北宋院诚鲜二本，三唐法总弗多皴。可惊当世王和赵，已讶一堂君若臣。易不自思作人者，尔时调鼎作何人。"诗中的"三唐"指的是盛唐、中唐和晚唐。最后一句是责问宋徽宗：你那么会起用人，在治理国家上又起用了什么人呢？其实在封建专制制度下，皇帝的个人好恶对用人起着决定性作用，这其实很难作出正确的判断。宋徽宗用了蔡京是失误，那乾隆不是也重用了和珅吗？

^ 两湖之间

—— 第二段 ——
两湖之间

在画面的两片山峦之间有一条江，江上有一座漂亮的长桥。一水一桥的出现，避免了画面上群山罗列的重复感，显示出布局的节奏。这座桥有三十二级木构架的桥墩，正中是十字型攒尖顶的廊桥。在现实中，无论是湘江还是赣江上都没有这种桥的记载，应该是作者把自己喜欢的苏州吴江利往桥画进来了。请注意桥的一个细节，这座桥的中部是双层结构，它的作用除了观赏景致以外，还可以在船只通过时，利用下面一层桥面与船只甲板高度接近，方便人员上下。这座桥和画卷后面的最高山峰，是整幅画卷的两处点睛之笔。看过这幅画的人，可能不会记住某一座山或某农舍，但绝对不会忘记这座桥的存在。过了桥以后的山峦，是全画的第二高峰，画里对应的是庐山。

∨双层结构

∨长桥

庐山这个称谓来自周武王时期，据说有一位方辅先生和老子骑白驴入山修炼，成仙而去，在山里只留下一座空空的草庐，故名庐山。中国古代读书人崇尚隐士的生活，草庐代表一种归隐的思想，这幅画还真的在山峦之间画出了一间草庐。草庐的整体面貌和草垛似乎差不多，屋顶也是椭圆形的。透过草庐之门，隐约可以看到里面好像挂着一幅画像，猜测这里不是居住的，应该是供奉祭祀的场所。庐山还有三叠泉等著名的景点，在画卷里也画出了山谷中泉水淙淙流淌，叠水瀑布不断。

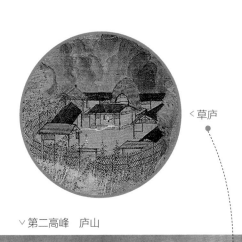

< 草庐

> 三叠泉

∨ 第二高峰　庐山

∧ 鄱阳湖

∧ 各类船舶

∧ 一人一驴

∧ 农舍

第三段
鄱阳湖

唐代诗人孟浩然在路经鄱阳湖时作诗《彭蠡湖中望庐山》赞道："**太虚生月晕，舟子知天风。挂席候明发，渺漫平湖中。中流见匡阜，势压九江雄。**"高山与平湖遥相呼应，无论是自然风光还是画卷风景，都体现出节奏的美感。为了避免湖面的单调，王希孟在湖中画了许多船舶，既有大型的客货船，也有摆渡或者打鱼的小舟，还有移动在湖面的扳罾船。宋代有一项制度，这些船必须集中到定点地休息过夜。在古代，行船也是最经济的远行方式。另外，在鄱阳湖边也看到了农田和结构简单的农舍。

纵观全画，王希孟把船舶细分为不同类型，画得细致、准确。但是，陆地上的运输工具除了毛驴就没有其他的了，车辆完全没有涉及，推测王希孟应该是在江南水乡长大的孩子。

巍峨群山

此段中心是全画卷的最高山峰。这一片群山不是现实中的山，而是作者内心想要表达的君臣理念，也是全画的点题之笔。中国传统文化强调天人合一，天地如此，何况人乎？王希孟把对老师的尊敬、对君主的拜服不露声色地绘制在画卷当中。在这一组群山中，青绿色的运用也达到了极致，仔细端详画作，可以看出青绿之别不是用近绿远青来表达距离，也不是体现明暗，而是突出装饰功能。

在主峰左侧的山谷中有一台水磨正在工作，这就是北宋时代的机械化设备，它不仅取代了春米磨面的劳动力，而且只要有足够的水流，从早到晚都可以运作。水磨大都安装在河道附近，有利于沿河的住户通过水运把谷物送过来加工。水磨在北宋的时候不仅普遍存在，而且属于官府设备，有专职官员值守管理，负责维护和收费。

∨ 巍峨群山

> 水磨机

大江入海

两岸山势渐渐平缓，极目远眺，大江入海，祥和宁静，天下太平，长近十二米的画卷结束。这一段在画的尽头上方大段留白，既显示大江入海，也给人以无限遐想的空间。设想一下，如果用山地把这段画面填满了，那么大江就变成了大湖，整个画面的意境也就大打折扣了。

> 大江入海

青绿山水的画法虽然工序繁琐，成本高昂，但是其矿物质色彩却能抵抗住漫长时间的冲刷，这幅存世近千年的《千里江山图》，如今看来依然鲜亮多姿。观赏画卷细节部分，林间房舍、山涧流水、壮阔的山峦与点缀其中的渺渺人物，将一个疆域辽阔、海晏河清的盛世景象展现得淋漓尽致。这幅《千里江山图》不仅是王希孟的呕心沥血之作，更是寄托了他背后的宋徽宗对万里江山延绵不绝的希冀。那么，这幅《千里江山图》能给后世留下哪些启发与思考？这幅画卷中是不是还缺少了点什么呢？

坊间有一个传说，王希孟二十余岁就英年早逝是因为他画了一幅《千里饿殍图》进献给宋徽宗，惹得徽宗大怒，于是将王希孟赐死。但是记载这件事的书籍，没有人见过，所以这件事不足为信。

在《千里江山图》和王希孟的故事中，我们可以领悟到以下几个道理。一是不怕挫折，坚持一以贯之。王希孟考上了画学，但又被派去文书库，这应该是人生一大挫折。如果既来之则安之，日子也过得下去，毕竟是公职人员不愁吃喝，但是他坚持向皇上进画，甚至落得"未甚工"的评价，这就更失败了。皇上不点明还好，现在评价画工不细，打击不可谓不重，但他仍然不懈努力，精进画工，终于得到了徽宗的认同，也为后世留下了《千里江山图》这幅惊世之作。二是进取也要注意"度"的把握。王希孟的早逝，人们更倾向认为他是累死的，因为要追求"甚工"的效果，殚精竭虑，劳累过度而死。欣赏这幅画卷，如果用放大镜细细地看，水面上的波纹或明或暗，绝对是一丝不苟，半年时间从构图到完成全画，在今天都很困难。一个人进取是本质，停顿是常态，后退是艺术。人生有如上台阶，提升到一个高度以后，有一个平台期是很正常的事。设想如果王希孟的作品多花两年时间画出来，又或许能多活十年，又该有多少优秀的画作传之后世。

如果说这幅画还有什么不足，那就是感觉在山水岸边还缺少一栋精致的名楼。这座名楼也能在现实中找到摹画对象，那就是岳阳楼。宋仁宗时期，支持变革的新党范仲淹因仁宗皇帝态度的转变而被罢免，他的好朋友滕子京也被弹劾，贬到岳州为官。滕子京这个人很能干，贬官期间还在当地建起一座岳阳楼。楼建好之后，请范仲淹为新楼写一篇记文，于是在中国就有了这么一段千古绝唱："**不以物喜，不以己悲；居庙堂之高则忧其民，处江湖之远则忧其君。是进亦忧，退亦忧。然则何时而乐耶？其必曰：先天下之忧而忧，后天下之乐而乐乎。**"（范仲淹《岳阳楼记》）

王希孟在画卷上没有画到岳阳楼，也许是他不知道有这座楼，也许是因为他还太年轻，不理解《岳阳楼记》中所记载的宦海沉浮风险与无奈，所以不必苛求于古人有山有水必有楼。

除了广袤的大地，江河也是画家们常常挥毫作画的题材，南宋夏圭的《长江万里图》堪称珍品，现收藏于台北故宫博物院。《富春山居图》已经实现了两岸合展，希望有朝一日，《千里江山图》和《长江万里图》也能实现合展，山川大地、江河万里，共聚一室，那将是书画界的一件盛事。

第九章

繁华锦绣 画苏州

FANHUA
JINXIU
HUA
SUZHOU

《清明上河图》

（明）仇英（款）

绢本设色，长987厘米，高30厘米，现收藏于辽宁省博物馆。

"苏湖熟，天下足"。自古以来，苏州便是中国古代商业繁盛的城镇之一。作为京杭大运河的重要枢纽，苏州更是随着大运河的贯通，成为重要的商品集散地。得天独厚的地理位置，商品经济的空前活跃，使得苏州这座城市处处都展现出蓬勃的生机。除此之外，苏州还拥有着独有的优雅与魅力。苏州刺史白居易吟咏的"鸳鸯荡漾双双翅，杨柳交加万万条"，更让苏州成为历代文人墨客笔下最让人魂牵梦萦的江南，明代画家仇英便在此绘就了一幅别具一格的《清明上河图》。那么，与我们所熟悉的张择端的《清明上河图》相比，仇英款的《清明上河图》究竟有何不同之处？从仇英款《清明上河图》中，我们又能了解到怎样的历史呢？

仇英款《清明上河图》的背景是明朝嘉靖年间，它描绘的地点是仇英的居住地苏州。为什么会有这么一幅画呢？其实北宋张择端的《清明上河图》在当时社会上层已经有很高知名度了，但是有机会欣赏的人却极为有限。

仇英是明代中期的著名画家，早年子承父业，做了油漆匠，后来结识了画家、书法家文徵明。文徵明介绍他拜名画家周臣为师，后成为一个以卖画为生的专业画师。仇英的作画内容很广泛，各类人物、鸟兽山水、楼宇舟车等都是他经常作画的对象。画风秀丽，当时很受人们的喜爱。

明朝时，张择端的《清明上河图》曾经被苏州人陆完收藏过，后来又被卖给了昆山的顾鼎臣。仇英在结识这些收藏家、鉴赏家时，极有可能看过张择端的《清明上河图》，所以仇英对整个《清明上河图》的内容结构有一个基本的认识。但是仇英没有在北方生活过，所以对画中反映北方特色的物体缺乏认识，有些东西画出来就存在偏差。

仇英按照张择端作品的大致结构，同时结合自己熟悉的江南生活，创作出了一幅别具一格的《清明上河图》。而后代又有人以仇英款为依据，继续画出结构相近、各有千秋的《清明上河图》。目前，传世落款仇英的《清明上河图》有两幅，分别收藏于辽宁省博物馆和台北故宫博物院，这次我们欣赏的是藏于辽宁省博物馆的《清明上河图》。

整幅画卷可以分为四段。

∧ 苏州城外

∧ 桃花

∧ 无忧无虑的孩童

∧ 社戏

∧ 送女出嫁

—— 第一段 ——

苏州城外

　　画卷起首，是郊外的青绿山水。与张择端的原作不同，仇英款在开头就画出代表着春季的粉色桃花，点明这是春季。画首空旷的草坪上有嬉闹的孩童，也有照看吃草牛羊的小儿。不远处摆了一台热闹的社戏。社戏是春季向土地公公祈求风调雨顺而进行的表演，当时的礼教要求男女授受不亲，所以看戏时为女性观众单独设置

∧ 春季耕种

∧ 寺庙

了院子，与男性观众间隔开来。山岗之后是楼阁人家送女出嫁，娘家亲人站在门口目送，接亲队伍吹吹打打，抬着花轿，好不热闹。村外田地间，农夫春耕劳作，有人脚踩水车引入河水灌溉，主妇提着食罐到田间送水送饭。画卷的底部还画有一座寺庙，通过大门可以看到里面的壁画。这些环境和人物的描写，点明了清明时节特定的环境和风俗，为全画拉开了序幕。为什么说这幅画描绘的是苏州呢？因为苏州城外有山，例如广为人知的天平山。

虹桥上下

这是苏州城外最热闹的一段，江面上规模大小不一的船只，有的撑杆划桨行进，有的靠岸边出卖劳力的纤夫拉行，说明这一段水位落差很小，水流平缓。岸上行人逐渐多了起来，越靠近虹桥，河道也越发显得狭窄拥挤。虹桥边停靠着各类船只卸货，货船明显多于客船。画中的船都有江南船只的特点，建有与船体相连的尾舱，以避免因为多雨造成操船不便。而在船舶的主桅挂有不同颜色的旗帜，两面都

∧江南船只尾舱造型

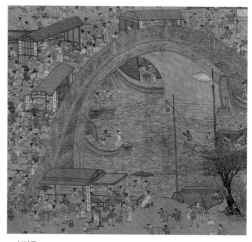

∧虹桥

∨虹桥上下

印有太阳的图案。当时的人们还没有国旗的概念，太阳的图案是中国古代日月旗的演化，就是在旗面上太阳、月亮都有所体现。仇英款《清明上河图》中这座虹桥是石头建造的，结构更加结实。虹桥上下熙熙攘攘，做生意的有坐商也有摊贩，经营种类丰富，生意类别从金银首饰、粮食布匹批发，到果品、鸡鸭生禽，等等。岸边还有百姓里三层外三层围着看热闹的卖艺表演。河对岸则是在围看蹴鞠表演，就是宋朝时高俅玩的足球。苏州有"东方威尼斯"之称，城内外水路相通，所以在画卷中，进出城内外，除了走陆路还有水门可以行船。

∧ 各类生意　品类繁多

∧ 蹴鞠

∧ 街头卖艺表演

苏州城中

这段整幅画的中心，这也是仇英最熟悉的地方。一进城门，就有守卫士兵居住的营房。城内街道上行人众多，串亲访友的居民在和路遇的熟人打着招呼。远来的骆驼商队缓缓入城，肩担手提的市井商贩都在忙活着自己的生意买卖。大街两厢是商业区，各类店铺林林总总。街上有两家药店挂着"小儿内外方脉""男女内外药室"的招牌，说明当时已经将问诊看病和开药卖药一体化了。在服装行业上，有纱帽官靴、成衣、绫罗绸缎、红绿绢线等各类专卖店。此外，还有酒器、金银首饰、官盐、瓷器、当铺、米面店、雨具店、鲜花、炭行以及锡器等各类杂项，这些都反映出当时手工业的繁荣。城中一座府邸，门前牌楼上高悬"学士""世登两府"的匾额，说明此家有人在朝廷中担任侍读学士或侍讲学士一类的官职。桥头有来自域外的艺人在表演杂技。过了小桥，有一家挂出"灼龟"的招牌，这属于古法算命，是从商周时代流传下来的一种灼烧龟甲后，通过裂纹来判断吉凶的卜占方法。再向前看，高楼里坐着对弈的读书人，楼下的长街上则是长跪以求布施的僧人。由于生活在南方的仇英没见过北方的骆驼，尤其不知道骆驼的脚应该是什么模样，所以把几头骆驼画得类似于羊。

∨苏州城中

∧ 士兵营房

∧ 药店

∧ 学士府

∧ 杂耍卖艺

∧ 高楼雅座读书人
长街跪拜布衣僧

∧ 骆驼

灼龟

∧ 灼龟

∧ 寻常百姓家

在住宅建筑上，画卷中既有民居小户，也有富贵人家深宅大院。做生意的，有坐商也有流动的摊贩，甚至还有国外来的客人。各种商业活动的种类丰富多彩，男女老幼、士农工商，每个人都能够通过动作、神态，乃至服饰、道具让欣赏画卷的人认出他们的身份，很难找到雷同的。人们衣服的线条比较简练，衣服的颜色也丰富起来了，说明到了明代，对老百姓衣着颜色的限制少了很多。此段林林总总，向后人展示了五光十色的明代城市生活。

∨ 深宅大院

∧ 高墙宫苑

> （北宋）张择端《金明池争标图》
高 28.5 厘米、长 28.6 厘米，绢
本设色，现收藏于天津博物馆。

—— 第四段 ——

高墙宫苑

宫墙内的宫殿雕梁画栋，黄色琉璃瓦屋顶，还有坛台高于所有的建筑之上，这应该是帝王祭祀祈福的地方。湖面上宫女轻划龙舟，点缀园景，与墙外的闹市喧嚣，形成静闹两个不同的画面。

仇英凭借自己的想象，把宫苑描绘成一个人间仙境。画卷结尾在富丽堂皇之外又再现绿色山水，与卷首的青绿山水相呼应，完美结束。但是，与张择端的《清明上河图》相比较，这一部分是仇英款《清明上河图》画作中最令人莫名其妙的一部分。因为张择端的原作中并没有宫苑这一部分，且在张择端原作的跋文中，有许多对画面内容的描述，但没有一处讲到宫苑，仇英在绘画《清明上河图》时应该是把张择端的另一幅画《金明池争标图》给结合进来了，在《金明池争标图》画上确实有宫阙和龙舟。不过苏州并没有宫廷建筑，仇英也没有到过北方，所以他把心中的宫苑画成蓝绿色的屋顶，这就跟现实宫苑不相符了。但是，此后有很多人误以为《清明上河图》应该是有宫苑部分的，反倒是怀疑张择端的原作不完整了。

张择端的《清明上河图》是中国十大传世名画之一，其画作内容包含有数量庞大的各色人物、各类牲畜，以及特色鲜明的宋代建筑物，清晰直观地向世人展现了一座繁华的北宋都城。受此影响，出身平凡，对世俗生活感悟颇深的仇英，游走于风格各异的园林建筑之中，在见证了明朝中期苏州的繁华程度不输于北宋时期的都城汴梁之后，他拿起画笔，花费四年时间和精力，将这个浓缩了各阶层人士和汇聚了各类建筑风格的生活场景勾勒于纸上，成为后世人们切身了解当时苏州盛况的"明信片"。那么，仇英所描绘的场景是真实的吗？画作背后又发生了哪些撼人心动的事情呢？

仇英款《清明上河图》给欣赏者印象最深的是苏州的经济状况。

明代的苏州经济，在全国有举足轻重的地位，因农业发达、手工业繁荣、商业活动频繁，成为了许多文人、商人的聚散之地。当时苏州府管辖七县以及太仓州，

就农业而言，物产丰富，粮食作物种类繁多，仅苏州府吴江县的粳米就有七十个品种，糯米有三十七个品种。手工业方面，纺织业、丝织业、制盐业发展迅速，到明代成化年间，已经形成"闾檐辐辏，万瓦鳞鳞；城隅濠股，亭馆布列，略无隙地。

舆马从盖，壶觞罍盒，交驰于通衢。"（王锜《寓圃杂记》）意思是说屋顶的瓦片像鱼鳞一样密密麻麻，在城里想找块空地都不容易了，街道上人来人往，拥挤不堪。

史料记载，明代的苏州在纺织业上已经出现了资本主义萌芽。在这幅《清明上河图》中，仇英又是怎么来表现的呢？

首先是棉纺织业的发达。自宋以来，丝织业、棉织业在江南地区越来越兴旺，机户遍布。所谓机户，有的是个体手工业者，在自己家里生产，但需要妻子儿女做帮工，进行辅助性劳动。也有一部分是丝绸商人，他们家里有织机，然后招募机匠到家中劳作，按日发给报酬，这些机匠就已经类似于今天的工人了。还有的机户慢慢发展为一定规模的机织作坊，雇工达几十人。

随着经济的发展，到元代末年起，一批机户开始进入了商品生产领域和流通领域，纺织业的利润也是比较高的。冯梦龙在《醒世恒言》中收入了名为《施润泽滩阙遇友》的短篇小说，说的是盛泽镇上一个叫施复的人，捡到了六两纹银，于是用这笔钱买了一台织机，一年干下来，其净利润又可以再添一台织机。这说明每台织机一年的纯利润至少在六两以上。对于能赚钱的行业，朝廷也不会放过。实际上到万历年间，朝廷的经费已经很紧张了，于是皇帝派亲信的太监，通过采矿、征税来充实政府的财政。当时担任苏杭织造的太监孙隆兼管税务，召集了社会上一些无赖之徒做帮手，这些没有底线的人一上岗，不管不顾，横征暴敛，苏州的六个城门都有人守在那里收税，结果激起民变，爆发了苏州的抗税斗争。

在虹桥附近，可以看到一家名为"舆客收棉布"的坐商。船上下来的人正拿着布匹往房间里走，这是坐商收集各个机户的布匹进行批发销售。

另外，在全幅画卷中，也能多处看到与纺织有关的印染、制衣、靴帽以及售卖丝线、绸缎，乃至卖些零碎料头的门市。

中国最早的一次工人罢工，称作"踹匠叫歇"。"叫歇"就是我不干了，而"踹匠"又是什么人？做什么工作的呢？在画卷"染坊"的局部里，就具体表现出了"踹匠"的工作情景。印染坊中，工匠脚踩一个元宝型的石头碾子，碾压着刚刚染过色的布匹。踩石头的工匠通过身体的摆动来增加压力，这就是踹匠。布匹印染以后，经过踹匠的用力挤压使颜色更好地渗透到纤维当中。如果仅仅靠文字记载不一定能说清工艺的过程，通过绘画的形象反而让我们有了清晰的认识。

∧ 舆客收棉布

● ∧ 踹匠

素有"人间天堂"之称的苏州，在历史上不仅是一个人文荟萃的名城胜地，而且是南北商品货物的集散地，在中国古代的海外贸易中也曾起到了重要的作用，苏州纺织业的名声更是随着郑和下西洋而名扬四海。明清时期，苏州丝绸已经在国际市场上占据重要的地位，一大批苏商也因为苏州城的对外贸易而发展起来。那么，仇英在自己所作的《清明上河图》中是如何描绘苏州城这一特点的？江南百姓中人人知晓的沈万三，又是一个怎样的人物呢？

其次是对外贸易。明朝时期，苏州丝绸已经在国际市场上占据重要的地位，一大批苏商也因对外贸易而迅速发展起来。画卷中大型船舶的桅杆上往往都挂着绣有太阳的旗帜，对外代表明朝的"明"。

明初有个以种植业起家，靠海外贸易发家的沈万三。据记载，沈万三名秀，"万三"是绰号，吴兴商人。在元末明初，此人已是全国首富。富到什么程度呢？据说朱元璋建南京城的时候，听说沈万三有钱，就让他捐钱修建城墙，他个人出资占到全部建城费用的三分之一。沈万三露富之后不仅没低调行事，还想继续讨好朱元璋，表示想出资犒劳军队。朱元璋认为军队为天子驱使，怎么能容得匹夫介入，于是动了杀心。幸好有马皇后劝解说："**民富敌国，民自不祥。不祥之民，天将灾之，陛下何诛焉！**"（张廷玉《明史》）意思是老百姓太富了，是对他自己不好，这种人苍天自是

要降灾的，陛下您何必去杀他呢，还落得一个不好的名声。朱元璋这才放过沈万三，把他流放到云南去了。

再次是粮食。苏州一带号称"鱼米之乡"，是重要的粮食产地，在画卷中有相当多的店铺经营与粮食有关系。当时苏州人口达到两百万人左右，由于人口集中，苏州的粮食供应还是比较紧张的，这也决定了粮食生意是很红火的。

最后是各类手工业。在画卷中可以看到有茶具店、瓷器店、铜器店、铁器店、漆器店、锡器店、家具店、金银首饰店、鞋帽店、成衣店、折扇店、雨伞店、毛毯店等，分类专业，品类丰富。当时"苏州造"已经引领全国风尚，所以我们常说，宋代的瓷器是最美的，明朝的家具是最漂亮的。这里所说的明朝家具，指的是明朝的苏式家具。

苏州这座古老的城市，拥有优越的地理环境和厚重的历史文化底蕴。它不仅为华夏人民创造了丰富的物质财富，也为中华民族的优秀传统文化写下了光辉灿烂的篇章。作为我国传统戏剧之一的昆曲，为什么能够引领风骚数百年？苏州还有着"状元之乡"的称号，它在明朝时期又保持着怎样的文化氛围呢？

< 集贤堂

经济发展与文化发展总是相伴而行，曾经有苏州人开玩笑说，苏州没什么太多的特产，如果有，那就是两样，一是状元，二是戏曲。

先说状元。整个明朝的科举考试共录取文状元九十人，其中来自苏州府八人，接近十分之一了。读书的人多，能考上状元的人多，首先带动的就是图书的需求量，所以书籍的编辑、整理、印刷和销售整合成了产业一条龙。在画卷中有一家"集贤堂"书店。明代确有此书店，是集编辑、刻印、销售三位一体的经营。明代的苏州是当时全国书籍出版印刷的中心，以刻板精准清晰、装帧精美而著称。当时刻书有苏州、常州、杭州和福建几个中心，其中又以苏州、常州数量最多、质量最好。要走科举仕途，就离不开读书。文化人除了读经论政以外，还需要频繁地使用笔墨，被读书人视为上品的湖笔、徽墨、宣纸，也都出自这一带。

随着市场的发展和来自五湖四海的各地百姓，坊间各种传闻、八卦就成为了许多可写的奇闻轶事素材，于是小说便发展起来。著名的短篇小说集《喻世明言》《警世通言》《醒世恒言》的作者冯梦龙就生活在苏州。他曾做过一段时间的官，后来辞官专事写书。在"三言"里面的许多故事就发生在苏州，例如大家所熟悉的《唐伯虎点秋香》。除了小说，创作和欣赏绘画也是文人必不可少的消遣。明代苏州的房子很多，而悬挂书画又是大家常用的室内装饰方法，所以书画作品的需求量就很大，于是又造就了一批以画画为生的专业画家。画家人数多，名气大，例如唐寅，在科举考试中受到挫折，断了做官这条路，于是就成了专业画家。他自嘲"**不炼金丹不坐禅，不为商贾不耕田。闲来写就青山卖，不使人间造孽钱**"。（唐寅《言志》）唐寅出售自己的画作本来也是无奈之举，为生活所迫，但他对此并不忌讳。有人卖画，就需要有专门从事装裱的店铺，在画卷上可以看到装裱店铺的生意还挺好，里里外外的客人还不少。

二是出戏曲。按现在的理解就是指戏剧生产和戏剧工作者，但这里指的是苏州是中国戏曲的发祥地。中国的京剧和各个地方剧种都受到昆曲的影响，而昆曲就发源于明代苏州的太仓南码头，后来经过朝廷大官魏良辅的改良，唱腔更加柔美，乐器伴奏更加舒展，再通过士大夫带入京城，成为了皇宫里的大戏。从此，昆曲不仅有了"官腔"的美称，而且还形成了"四方歌者皆宗吴门"的盛事。自明代以后，昆曲独领中国剧坛近三百年，称之为"百戏之祖"。2001 年，昆曲被联合国教科文组织评为"人类口述和非物质遗产代表作"。

在仇英款《清明上河图》中，卷首就绘有农村的社戏，很多老百姓围着观看，这是民间的戏曲表演活动。此外，在画卷上的一个大院落中有一个精致的戏台，除了边舞边唱的表演者外，伴奏有三弦、

^堂会表演

^装裱店

^木偶戏表演

^磨刀具 卖拨浪鼓

^耍猴杂技

笛子、响板，等等，但欣赏者不过是坐在榻上的寥寥数人，这应该是富贵人家中的"堂会"。在表演场地还有"武陵台榭"的牌匾，这是取自唐代诗人刘禹锡的长诗《武陵书怀五十韵》，其中写道："**沉约台榭故，李衡墟落存。湘灵悲鼓瑟，泉客泣酬恩。**"

此外，仇英款《清明上河图》画卷中还能见到一直存在到 20 世纪末的街头卖艺，糊口求生的方式，如木偶戏表演、磨刀具、卖拨浪鼓，耍猴杂技，等等。

仇英款《清明上河图》里共画出两千多人，涉及了明代社会许许多多的方面，有些史书上有文字记载，有些则没有，但这幅画把民间生活生动形象地表现出来，让我们认识到中国明代最繁华的城市是什么样子的，社会进入到什么状态，人们是怎样生活的，等等。通过画卷上的内容也让我们对古代社会有一个更深入、更具体、更形象的了解。

第十章

尘世繁华梦姑苏

CHENSHI
FANHUA
MENG
GUSU

《姑苏繁华图》

（清）徐扬

原名《盛世滋生图》，纸本设色，高 36.5 厘米，长 1241 厘米，

现收藏于辽宁省博物馆。

中国古代绘画艺术历史悠久，源远流长。在题材上也是海纳百川，包罗万象。从帝王将相到大好河山，从金戈铁马到市井民俗，古人用妙笔生花的高超技艺，为我们留下了一幅幅传世佳作。而其中表现民间生活的画作，在如今看来，更是有着极其重要的历史价值，《姑苏繁华图》就是此类画作的代表之一。在长达十二米多的画卷之上，姑苏城的繁盛之景展露无遗，人头攒动的街头巷尾，往来不断的大小船舶，一个个活灵活现的形象跃然纸上，把"康乾盛世"的繁华景象展现得淋漓尽致。那么，《姑苏繁华图》究竟出自何人之手？画作之上的内容又为后世带来了哪些重要的历史价值呢？

前面给大家介绍过北宋张择端的《清明上河图》和明代仇英款的《清明上河图》，这两幅都是社会风俗画，这里再介绍一幅清乾隆年间宫廷画师徐扬绘制的社会风俗画《姑苏繁华图》。那么它和前面两幅画有什么不同呢？

不同表现在三个方面。

首先，北宋张择端和明代仇英款的两幅作品是要表达作者对社会层面的认知，所以画中对当时的社会生活做了多方面、多角度的描绘，既有经济繁荣的一面，也有表现社会矛盾的一面。也有研究者认为张择端的《清明上河图》是在表达对社会的忧虑，有警示的成分；而《姑苏繁华图》从名称到画中内容，都是为了讨乾隆皇帝的喜好，是逢迎之作，所以画卷上看到官是好官，民是良民，一点毛病都没有。

其次，前面两幅社会风俗画，是对实景的浓缩和提炼，不能和真实存在的地点相对应。而在《姑苏繁华图》中，作者徐扬画的是哪个地方、哪个镇、哪条街，即便是在今天，古代的街市面貌已经发生翻天覆地的变化，但很多景致还存在着，所以这幅画的史料价值更为突出。

最后，前面介绍的两幅画作，侧重反映的社会生活方面主要是在经济状况，尤其是市面上的商业活动。而《姑苏繁华图》的信息量要大得多，除商业之外，还涉及文化、科举、婚俗等，描绘得也更为具体。

我们先把《姑苏繁华图》浏览一遍。这幅作品选景具有写实性，让当年游历过此地的乾隆皇帝和在此生活过的人，一看就知道画的是哪里，某栋建筑是什么居所。此后岁月流逝，一些地方也改变了名称，为了便于读者了解，笔者根据徐扬在后跋文中的记述，指出当年各街道、桥梁的名称。

∧ 后跋文

∧ 山前村

画卷一开始，是灵岩山下的山前村。不要小看了这个小村庄，它相当于全画的序言。开头是高悬万寿旗的寺庙，然后有田间劳作的农夫，有挑担前行的小贩，有营销杂货和烟草的坐商，有夹着包袱来读书的学子和正在室内谆谆教诲的先生，院子里还有正在整理染纱和喂猪的农夫。半条街道、几个院落，把自给自足的自然经济基本囊括，这也为画卷后面进一步展开呈现太平盛世做了一个很好的铺垫。

 ＞寺庙

此后画面被灵岩山占据，灵岩山上有寺庙，山路上有人来来往往，山下林中有人休闲野炊。山下是一片水田，紧接着是木渎镇。两百多年前的木渎镇已经非常繁华热闹了，河道两侧的街上人头攒动，水面船只云集，运货载客各不相同，还有鸣锣开道的官船和专事游乐的花船。怀胥桥一带船舶密集，几乎难以找到停船泊位的空处。闹中取静处，有人在水边竹林的草舍中谈古论今，也有的渔民晒网之余在船头与儿孙嬉戏。再往前看，经过一段河流，就到了苏州城的脚下。老百姓正在这里举行社戏，很多人围观。一所大宅门里，有钱又有面子的人家在唱着堂会。画卷到这里虽然还没有进城，但在城门附近的码头有官员正在迎接钦差，还有乾隆皇帝最喜欢的万年桥。城内可见臬台衙门，臬台衙门是按察使考察官员的办公地点，衙门前两根旗杆上飘着"江苏按察使司"的旗帜。另一处还设有藩台衙门，门前立着两根"江苏总藩"的旗杆，藩台衙门是管钱粮的布政使的办公地点。阊门内外是苏州的又一繁华地带，这里商贾云集，从能够辨认的字号牌匾来看，全国名特产都有专营商号，其中专事批发业务的商号占有较大比例，这跟前代画作中自己经营的小店状况已经很不一样了。继续向前看，画中人逐渐减少，已经可以清晰看到寻常百姓家的屋苑内庭结构。

画卷的结尾部分是虎丘寺，寺在山中，虎丘塔立于山顶。到此，也给全画一个稳定的感觉。

全画有各种招牌二百六十多块，大小桥梁五十余座，各类船只四百多艘，画中人物略数有四千多人。

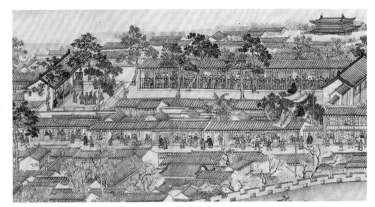

> 臬台衙门

> 藩台衙门

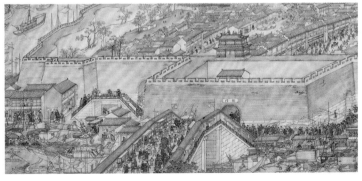

> 阊门

∨虎丘寺

画说中国故事：透过古画读懂历史

一幅《姑苏繁华图》将苏州商铺云集、人山人海的繁华富庶永远留存，让我们不禁感叹"康乾盛世"的繁华气象。但在当时，繁华的都市之景除苏州城外还有很多，作者徐扬为何偏偏选中姑苏城来进行创作呢？

要说起这幅画，首先绕不开的就是大名鼎鼎的乾隆皇帝，乾隆皇帝本名爱新觉罗·弘历，后来受封为宝亲王。他从小就特别聪明，十岁的时候第一次见到爷爷康熙皇帝，就特别受爷爷的喜爱，甚至有人怀疑他的父亲雍亲王胤禛能够继承皇位，多少都沾了他的光。弘历登基成为皇帝以后，处处有样学样地模仿他的爷爷。康熙在位六十一年，乾隆在位六十年后就做太上皇；康熙举办过两次"千叟宴"，乾隆也办上两回；康熙六次下江南，乾隆也去江南六趟，而且每次必到苏州。

这幅画完成于乾隆二十四年（公元1759年），正是乾隆两次下江南之后的事，所画的景物，包括一栋楼台、一处学校，都是乾隆亲临的地方。

再说说这幅画的作者徐扬。徐扬原本并不是特别地出名，乾隆第一次下江南的时候，监生徐扬进献了自己的绘画，得到了乾隆认可，并且按一等画师的标准发给钱粮。徐扬一边画画，一边参加科举乡试，但是两次都没有考上。后来乾隆说：算了，你也别考了，钦赐举人，你就直接参加会试吧。要知道，按照清朝的惯例，钦赐举人是总考不上，并且年过七十岁才能得到恩赐的。由此可见，徐扬能够得到钦赐举人的待遇，也显示出乾隆对他的特别关爱和照顾。

徐扬和郑板桥等"扬州八怪"生活在同一时代，但是他们在艺术创作上走了不同的道路。徐扬的优势是什么呢？他领着官府的俸禄，生活上有了保障，这也是创作精品的重要条件。在《石渠宝笈》中，收录徐扬的作品达三十五件之多。乾隆二次下江南以后，徐扬自称有感于清朝的**"治化昌明，超轶三代，幅员之广，生齿之繁，亘古未有"**。（《姑苏繁华图》题跋）因此要摹写帝治，画出这幅作品，取名《盛世滋生图》，后来改称为《姑苏繁华图》。

在欣赏《姑苏繁华图》的过程中，我们能了解到一些什么呢？结合有关资料，可以总结出苏州三个方面的信息。

一是文化的发达。

在众多的风俗画长卷中，《姑苏繁华图》对学校和科举考试的表现是相当完整的。皇帝每次下江南，都会对所到的省份专门增加考试的机会，以表现对儒学和选拔人才的重视。清代康熙、乾隆两位皇帝共十二次下江南，就给江南学子增加了不少出头的机会。当时，苏州学子成为科举考试的应试高手，及第人数之多、比例之高、名次靠前，在全国首屈一指，清代四分之一以上的状元出自苏州一府。在徐扬绘制这幅图之前的二十多年时间里，正是苏州科举考试中举人数最多的时期。深厚的人文底蕴，雄厚的经济实力，府学、县学、书院、塾学、义学等发达的教育，形成了良好的好学、勤学、重考、重教等社会风气。社会办学的善举、家庭的培养、师友的提携、环境的熏陶，使得苏州人在科举考试中居于显赫的地位，《姑苏繁华图》中也多次反映了苏州人读书和应考的场面。

开卷入图的山前村就有一家村塾，老师正在指点学生，另外两个学生在看书交流，还有一位仆人在打扫庭院。大门外面

∧ 村塾   ∧ 书斋

∧ 藏书楼

∧ 遂初园

还有两个前来学习的学生，手里拿着小包袱，等着老师带领他们进去。即使是一个小小村塾，也是井然有序，很真实，这也就是徐扬在题跋中写的"万卷书香，或受业于先生之席"的场景。

在灵岩山下还有一间书斋，主人正在桌前挥毫写字，旁边的人作思考状。苏州有不少文人，就是在幽静的环境中完成考前准备的。

木渎镇东街，三孔桥头是著名的遂初园，门前古树栓有白马，码头有停泊船只，力夫正忙着搬运行李，桥上还有骑马坐轿赶来的客人。穿过遂初园的堂会，就是藏书楼。

∧ 义学

　　画卷中后部分的山塘桥下左侧有一所院落，门额上写有"义学"两个字。三间书屋中，塾师正在辅导九个孩子的功课，其中有一个估计学习不太认真，被老师罚跪，还有一个正在聆听老师的讲解，另外七个孩子在两间书屋中读书与讨论。

　　义学本是族人为无力支付学费的贫寒子弟而设立的，最早创立于北宋范仲淹建立的范氏义庄。到清朝前期，苏州义庄开始增多，而且大多数义庄都设有义学，以供族人读书。工部郎中蒋文济就在半塘彩云桥设立了义塾，以教授族中无力承担学费的子弟。到了清朝中期，一些慈善机构也设立了义学。可以想见，苏州有如此出色的人文环境，府学、县学屋宇宏大，生员众多，他们成为乡试、会试的主力。

　　在成为生员之前，童生们要参加县试、府试，《姑苏繁华图》绘出了在苏州臬台衙门中举行的府试。画中就是科举的考场，正在进行的是府试，通过府试后再经过院试的人，就有了生员的身份，俗称秀才。当了秀才就可以免劳役，少交税，见了县官不下跪，犯了错，县太爷也不准打板子。大概是因为考生太多，或者是为了严肃监考纪律，所以画面上的府试没有像其他地方设在府学里，而是把考场设在衙门里。衙门内披红挂彩，应试的考生们密密麻麻地坐在考场内，考试正在进行当中。在考场外，院门重重关闭，各有官员严密把守，气氛森严。监考的吏役，似乎也正在听候主官分配任务，这就是徐扬在题跋中所说的"三条烛焰，或抡才于童子之场"。

苏州作为著名的文化中心和科举人才培养中心，纸张加工、刻书印书也特别兴盛，文化市场相当发达。不仅士子，包括商旅以及外国贡使，也经常到苏州买书，连皇上写的诗要印成书赐给臣下，诗集也是在苏州印制。画卷中文化用品类的商店共有十家，其中老字号有大雅堂书坊，书坊内堆满成品，它自明代就以质量高而享有盛名。"大雅堂"取自北宋黄庭坚的诗句："扁作大雅堂，醉墨犹明鲜。"

此外还有古今书籍、名人字画等店铺，画中还有一处装潢店。装潢店是指书画装裱，店中工人正在装裱字画。苏州因为书画业特别发达，所以装裱工艺也是独步海内。在乾隆时，凡得宋、元、明书画者，必请苏州工匠装潢。

∧ 臬台衙门内应试考生

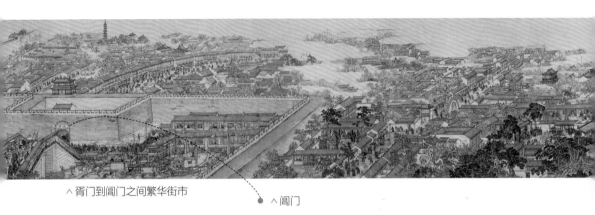

^ 胥门到阊门之间繁华街市

^ 阊门

　　古老而美丽的姑苏城，因其江南水乡的独特气质，成为许多文人与士子的驻足之地。随着朝代的更迭，到了清代，苏州已不仅仅是一个饱含文化气息的城市，更是一个江南商业重镇。那么在《姑苏繁华图》中，我们能够看到姑苏城怎样的商业发展？这座文化古城在商业上又有着哪些特点呢？

^ 万年桥 ●　　　　^ 胥门门楼 ●

二是市场的繁荣。

苏州从明代开始，就以工商业的发达
著称，而大体上分为东西两个部分。东半
城以丝织等手工业生产发达著称；西半城
以商业贸易、商品流通著称，尤其又以胥
门到阊门之间最为繁盛热闹。苏州既是商
品生产的中心，又是全国商品特别是江南
各地商品的集中地。

苏州市场最重要的是纺织品和印染
行业，画中出现的丝绸店铺有十四家，品
种涉及茧绸、绵绸、金银纱缎、贡缎、妆
蟒大缎乃至哔叽羽毛等，无论是大宗产品

还是稀罕的物件，在苏州都有出售。宋末
元初，棉花开始在中原广泛种植，衣着面
料用舒适的棉布逐渐取代了麻。《姑苏繁
华图》中绘制的棉花棉布店一共有二十三
家，其中有崇明大布、松江棉布、太仓棉
花等。纺织品离不开印染，所以画中还可
以看到与印染业相关的四家商号，有三家
是染坊，另外一家专门出售银珠、丹粉，
各种颜料。

印染业的兴盛不可避免地带来污染
问题，据记载，当时从山塘到虎丘河道一
段，因为染坊众多导致满河青、红、黑、

紫的浊流严重污染了河道。在那个年代也没有太多的治理办法，官府只能让开染坊的居民搬家，搬到居民人口少的地段去生产。

棉纺业和印染业的发达，随之而来的是随处可见各类的成衣铺，从衣衫到靴、帽等，品种齐全。

画卷中还出现了一个新兴的行业——烟草店，画中烟草店一共有七家，有招牌的如浦城烟行、大文号烟店等。

粮食交易是城市发展须臾不可或缺的行业，画卷中各种粮类共有十六家，招牌有粮食老行、照枫粮食、豆饼，等等。以苏州为中心的江南，在明代后期所产的粮食已经不够自己使用了，特别是棉花种植发展起来以后，出现了与种植粮食争地的情况，再加上人口迅速增长，酿酒、制醋等都需要耗费大量的粮食，所以这段时间江南粮食入不敷出的情况逐渐严重起来。苏州同时还是浙东乃至福建沿海粮食转运的中心，不少粮食被转运到缺粮地区，仅在雍正、乾隆年间，从苏州通过海道运往东北地区的豆麦、豆饼等，最多时达到每年两千六百多万石，苏州的粮食市场已成为江南最大的米粮转运中心。

万年桥附近是一条繁华的大街，画卷中已经出现了洋货行，洋货泛指西洋舶来品。

各位读者还记得北宋张择端的《清明上河图》街边店铺里，占比最大的是餐饮业。到了清代，餐饮业依然兴盛。在山塘桥的河道边上，餐饮业十分红火，各类店在画卷上共计三十一家，从小吃店到家常便饭到高档酒席，应有尽有。我们都知道，淮扬菜是中国八大菜系之一，苏州小吃名扬天下，苏州人善吃、会吃、讲究吃，确实口福不浅。其他种种商号，就不一一道来。

这里说件小商品，叫"灯草"，它既是清代打火点灯的必备品，又是一味中药。北京故宫里皇上垫的褥子就是灯草，既松软舒适又有保健功效，比现在的海绵垫子还要好。

三是社会风俗的窗口。

在画卷中我们还看到一种特殊服饰，街上穿袍褂的人特别多，头上戴的又是和清代官员暖帽很相似的帽子。

他们是什么人呢？是未入流的下层官吏吗？好像人数不应该有那么多，特别是我们能看到做生意的，甚至站在墙脚的算命先生都这么穿。其实徐扬是想通过这样的画面告诉皇帝，天下已经安定，万民均已臣服。

与此同时，我们又会发现，衣服胸前有"补子"的官员在画卷中又特别少，例如在臬台衙门里外院站着很多人，但没几个人的衣服上画有"补子"。这是为什么呢？徐扬也有自己的考虑，画中的地点指向已经太具体了，再画一个官员，如果皇上问起这是谁，徐扬就不好回答了。

> 老百姓头戴类似于官员暖帽的帽子 ●- - - - - -

随着文人的汇集，商业的繁盛，姑苏城的百姓在生活品质上有了更多的追求。在生活娱乐上，著名的苏州评弹便是在这一时期逐渐风靡，许多生活场景也都体现出当时姑苏百姓对礼仪、民俗等方面的讲究。那么《姑苏繁华图》有哪些景象能够让我们了解姑苏人在生活品质上的追求？这幅风俗长卷又是如何引领我们走进清代姑苏人的生活的呢？

苏州人的文艺欣赏习惯由来已久，徐扬生活的时代，也正是苏州的戏曲较为兴盛的时期。在《姑苏繁华图》中，阊门一带又正是戏馆最为集中的地方，所以在图卷中有多处剧场。

∧ 堂会表演

先来看看桥下一座宅子里，厅堂内两个人一主坐一侧坐，戏台上有人弹三弦，有人在吹笛子，中间红毯中央有一妙龄女子正在表演歌舞。这应该是一家人自娱自乐的一种形式。

康熙、乾隆祖孙两人，各有六次南巡，他们每次到苏州都要开堂演戏。康熙四十四年（公元 1705 年）第五次南巡，康熙在苏州连住六天，当时的苏州织造李煦每天安排进宴演戏，江南织造府还曾经选送乐器制作的高手进京。到乾隆时期，

∧ 民间社戏

∧ 杂技走绳表演

苏州评弹艺术已经日臻成熟，著名的评弹艺人王周士，曾经奉诏到御前演唱。

在画卷的狮山之前，有民间社戏正在演出。戏台前立着一大旗，旗帜上写着"恭谢皇恩"。在扎彩戏台上的三位演员，一位黑衣男子手持小铜锣，一位女演员腰里系着花鼓，一人扮作公子模样做上前调戏状。台下的观众有执拐杖的老者，有与大人同来的孩子，也有做生意的小贩。而女性观众是有专门席位的，男女授受不亲，避免生出事端。还有一些挤不到前排的人干脆趴在树上看。整个场面气氛十分热闹。

闾门外，紧靠城墙围起来的一众百姓，正围观看着一位女子手持长杆表演走绳，精彩的表演甚至吸引了附近茶楼里的茶客和商铺里的伙计。

这些都是当时丰富的文化活动。

婚礼是从古至今都相当重视的礼仪，其中也有很多礼节和规矩，各地还有自己的地方特色，《姑苏繁华图》中一共出现了两处婚礼的场面。

一处是乘坐大船的迎亲队伍。在木渎镇的中心，河道上一条扎彩的大船，船头有一顶花轿，正在前往接新娘。大船前面有引船，花轿后侧是披着红绸前来迎亲的人。船舱内，有两个人正在向外张望。迎亲队伍里有吹笙的、打锣鼓的乐器班子，还有人擎着"翰林院""状元及第"等字样旗帜的仪仗。

那么是不是状元来娶亲了呢？其实不是的。按照当地的民间婚俗，举着"翰林院"这类旗帜讨个吉利，希望将来子子孙孙能够进士及第。

这些仪仗是从哪来的呢？其实古代也有类似于今天婚庆公司这种民间组织，仪仗可以租借，也有些东西真的是从官府衙役那里租来的。

另一处场景在黄鹂坊桥弄，夫家已经把新娘接到家中。大红灯笼高高挂，大红彩幔横披，红绸结彩在飘荡，亲朋好友、大人小孩点缀其间，婚礼人家一派喜气洋洋。门口还有人带着拜帖前来祝贺，嫁妆在门外也一字摆开，正在陆续地往房间里

∨ 迎亲花船

搬。鼓乐声中，室内婚礼正在进行。男方父母端坐堂上，有老者担当司仪，已经到"二拜父母"的仪式了。大红拜垫上，新郎已经跪下来，新娘俯身前屈，正要下跪叩拜。

《姑苏繁华图》这两处结婚的场景把18世纪苏州民间的结婚仪式演绎得活灵活现、惟妙惟肖，这也可能是那个时代唯一能让我们看到的婚礼场面，算得上是弥足珍贵的史料。

《姑苏繁华图》全面展示了18世纪早中期，中国经济文化中心苏州城的城市风貌。我们通过这幅长卷对乾隆时期苏州的科举教育、市井繁华、戏曲丝竹、婚礼习俗等丰富内容有了更形象具体的了解，徐扬的本意是逢迎皇上，但是画卷中也有很多场景，或是文献中难以一一描述，或是弥补了文献的缺失，成为记录苏州文化极为难得的有形的宝贵遗产。

> 婚礼现场仪式

第十一章

千姿百态百骏图

QIANZIBAITAI

BAIJUNTU

《百骏图》

（清）郎世宁（意大利籍）

中国十大传世名画之一，绢本设色，高94.5厘米，长776.2厘米，

现收藏于台北故宫博物院。

《百骏图》是清代宫廷画师郎世宁创作的绘画作品。画卷上共绘有一百匹骏马，这些骏马姿态各异、独具神韵，画中的山川树木、流水清潭，也都焕发着独特的东方韵味。与此同时，画作在风格上也彰显着西方绘画的技法与色彩运用，使得作品融贯中西，别具一格。在清宫之内，为何会出现一名来自意大利的宫廷画师？他为什么要画《百骏图》？这幅传世之作的背后，又有着怎样的故事？

　　《百骏图》顾名思义，就是在一幅图上画了一百匹千姿百态、栩栩如生的骏马，它描绘的是在一处皇家牧场上的情景。

　　画卷整体布局可分为四个部分。从画卷开头到场地中的一棵松树为止，属于第一部分，以歇息为主题。放牧的人在帐篷前席地而卧，吸着旱烟，旁边的马匹或立或者卧，有的正低头吃草，有的独自打滚，远处还有牧马人正在训练马匹奔跑。第二部分从一株松树到一片树林为止，主要表现马匹的嬉戏。此段共有六处表现马匹之间的亲昵，一处扬蹄发怒。第三部分是杂树林中，有瘦马依树，有幼马吸乳，也有马匹在树干上蹭痒痒。第四部分是引马渡河，此段主要画出了牧马人的活动，有人在河对岸骑着领头马，有人在河中洗马，有人看护瘦弱马匹，还有人在引马渡河。画卷上绘出了一百匹马，牧场上生机勃勃，画面和谐中展示着生动自然。

　　从整个绘画风格来看，既有中国画的特色，又融合了西洋画的技法，这就与郎世宁特殊的经历密切相关。在 18 世纪初，以光学、透视学为基础，西方的绘画体系得以确立。郎世宁是意大利人，从小就有这方面的爱好和天赋，在他的成长过程中又得到了熟练画师的辅导，掌握了多种绘画技能。1715 年，也就是康熙五十四年，二十七岁的郎世宁来到了中国，之后进入了清朝的宫廷画院，给皇帝画画。

了解了这个背景，我们再来看《百骏图》，在构图上不难看出前面的马匹画得比较大，清晰、写实；而后面的马匹看着个头小一些，比较虚。前后一对比，这就是典型的西方透视学的方法。

∨ 前后马匹构图对比

再来看山水树木，用的是中国绘画皴擦的传统技法。"皴"就是先用线条勾勒出山石树木的轮廓，再用干湿不同的颜料或墨色，和粗细长短不同的笔法表现出物体的脉络和明暗；"擦"则是用笔不显笔锋，填补皴的不足，最终使描绘对象具有较强的立体感。这些技巧运用得恰到好处，正说明绘画这幅《百骏图》的时候，身为意大利人的郎世宁已经把中国毛笔运用得非常自如，他已经可以游刃有余地驾驭中西两种各不相同的绘画技能。这种中西合璧的风格是郎世宁独创的，这种风格也让许多中国画家纷纷学习借鉴，掀起了中国古代宫廷绘画的创新和变革。

郎世宁自从来到中国以后就再也没有离开，他整整待了五十一年，直到离

∨远近山水树木

世。在这五十一年间，他历经康熙、雍正、乾隆三朝。康熙年间，郎世宁刚到中国，康熙皇帝恰好是一位视野开阔，对西方科学充满了好奇，也喜欢任用西方人才的皇帝。康熙的科学启蒙老师是来自比利时的南怀仁。有一次康熙皇帝生病了，吃了一段时间中药不见好，这时有位法国人进献了一种药，名字叫金鸡纳霜，这是治疗疟疾的特效药，康熙服用以后病就好了，因此他对西方科学产生了浓厚的兴趣。

那么，郎世宁来到中国，遇到这么一位乐于接受新鲜事物的康熙皇帝，他本人能够被康熙所接受吗？初来乍到的他又会在中国发生怎样的故事？

公元 1688 年，郎世宁出生于意大利米兰市。作为传教士的他，绘画技艺十分精湛，欧洲许多城市都有他的画作。郎世宁二十七岁那年来到了中国，在居住中国的五十多年里，历经康熙、雍正、乾隆三朝，从后宫嫔妃的肖像绘画，到圆明园里欧洲风格楼宇的设计，郎世宁无疑是当时清宫中十分重要的宫廷画师。郎世宁是如何一步步受到重用的呢？

康熙五十九年（公元 1720 年），郎世宁进宫。他初来乍到，既不懂中文，也不会用毛笔画中国画。但是康熙见到郎世宁以后，感觉这个年轻人不错，于是把郎世宁留了下来。郎世宁很快就展示了自己的拿手好戏，画了几幅油画进献给康熙。

康熙皇帝是否喜欢郎世宁的画呢？

实际上，康熙并不是很喜欢郎世宁的油画，但还是让他继续留在宫里，让他专门研究、临摹中国传世作品。康熙这样做，是为了让郎世宁领悟中国绘画的精髓。传统的中国绘画用的是毛笔，画在有墨晕效果的宣纸或丝绢上，而西方的油画用的是硬毛油画笔，画在亚麻布上，两者有着很大的差别。郎世宁悟性极高，他通过临摹宫廷里的历代名家画作，对中国绘画的技法有了全新的认识，并很快掌握了其中的精髓，他不仅可以熟练地运用毛笔作画，而且还融合了中西两种画法的不同风格，从而形成了自己独有的艺术特色。

到了雍正时期，郎世宁开始受到雍正皇帝的重视，他成了雍正皇帝身边的红人，和雍正之间的往来交际也越来越频繁。频繁到了什么程度呢？有人进献了一个哈密瓜，雍正见到后马上把郎世宁喊来，让他把这个瓜画出来。有人进献萝卜，或是小动物之类，雍正只要喜欢都要把郎世宁叫来，让他画出来。由此可见，这一时期雍正对郎世宁是非常欣赏的。

这一时期郎世宁的画作中，《聚瑞图》《午瑞图》《仙萼长春图册》等已经掌握了西方绘画的技巧与东方绘画的精髓，并且开始在他笔下巧妙地结合在一起。

∧《聚瑞图》

如果说郎世宁和雍正帝关系较为密切，那么到了乾隆时期，郎世宁更是受到乾隆皇帝的重视。乾隆皇帝本身对艺术就有较深的造诣，他把郎世宁从宫廷供奉画师擢升为御前画师，更赐有随意出入宫廷的权利，这在当时是很高的待遇了。乾隆皇帝在翻阅一本欧洲画册的时候，看到了西方园林和喷泉的图片，觉得很稀罕，于是把郎世宁叫来，提出在圆明园里也建造一个喷泉。皇帝让郎世宁做这项工程，这是对他极大的信任，于是他与一群友人尽心尽力地去做，最后不仅建造了喷泉，而且还在圆明园东北角建起一座欧洲风格的西洋楼。

众所周知，宫廷画师一般是没有官衔的，乾隆皇帝对郎世宁另眼相待，破例授予郎世宁三品顶戴。郎世宁七十大寿时，乾隆皇帝还为他准备了寿宴。郎世宁过世以后，乾隆皇帝又追赠侍郎头衔。

纵观郎世宁这一生，尽管远渡重洋，离开家乡，但他是幸运的，也是成功的，尤其是他留给后人的《百骏图》，入选中国十大传世名画之一。能够得到这样的评价，这幅《百骏图》确实有它的过人之处。

画说中国故事：透过古画读懂历史

郎世宁来到中国后，仔细研习了中国画的绘画技巧，他画的中国画具有坚实的写实功力，流畅地道的墨线，一丝不苟的层层晕染，外加无法效仿的颜色运用，中西合璧、焕然一新，既有欧洲油画反映现实的艺术概括，又有中国传统绘画之笔墨趣味，具有较高的艺术感染力，获得了皇帝的赏识与信任。善于画马的他，更是为后世留下了被誉为中国十大传世名画之一的《百骏图》。这幅画作有何独到之处？郎世宁笔下的百匹良驹又呈现出一番怎样的景象？这其中，又透露出郎世宁的哪些心境呢？

马是人类驯化的动物中既有体力可以供人驱使的牲畜，同时又善于奔跑，广泛适用于生产生活和战争，成为人类最为珍视的助手和朋友。无论是气势雄壮的千军万"马"还是闹市中的车水"马"龙，无论铿锵冷峻的金戈铁"马"还是两小无猜的青梅竹"马"，无论是悲壮的横刀跃"马"还是堕落的声色犬"马"……人与"马"之间的缘分已经妙不可言。实在没办法了，还可以"死马当作活马医"。

在古代血雨腥风的战场上，总少不了战马倔强的身姿，更不用说英雄总是与宝马相伴，如乌骓马、赤兔马，都和主人一起青史留名。在古代缺少马匹的年代，如西汉初年，经济凋敝，皇上想找几匹颜色相同的马都找不全，更不用说群马出征作战。《史记·平准书》记载"马一匹则百金"，所以面对北方匈奴的劫掠，西汉皇帝只能够忍气吞声，采取和亲政策，但这也不是长久之计。西汉在休养生息之后，准备对匈奴进行反击，战前的准备就包括在边郡设立马苑，大批量地养马，奖励私人养马。到汉武帝时期，民间街巷、田野里，马匹成群，朝廷养马达到了几十万匹，奠定了建立强大骑兵兵团的物质基础。万事俱备，汉武帝才派出军队出击匈奴。在中国人的心目中，马匹的形象还代表一马当先、马到成功这些吉祥的寓意。直到今天，"千里马"还是我们对优秀人才的代称。因此，马匹也就成为历代画家刻意描绘的对象。

雍正皇帝出于对郎世宁的欣赏，在雍正二年（公元1724年）三月给郎世宁布置任务，让他画一幅《百骏图》。于是，郎世宁开始创作，直到雍正六年（公元1728年）春天才把画画好，前后经历了四年时间。

雍正皇帝为什么要让郎世宁画马呢？是他一时的心血来潮吗？

应该不是。

作为清初统治者，他们脱离游牧生活的时间并不长，对马匹依然情有独钟。流传有一个故事，努尔哈赤在战局不利的时候，骑着一匹青马突围，杀出重围后这匹马也累死了。努尔哈赤抚摸着马的尸身说：将来有一天我要是能成为一国之主的话，这个国号就叫"大青"。后来努尔哈赤果真定鼎中原，于是取谐音定国号为"清"。当然，这只是一个传说，不是有史实可考的，"清"这个国号也不是努尔哈赤定下的，不过这个传说也从侧面说明了满族人对马匹的喜爱。清代君主对骏马的感情是真实存在的，所以雍正和乾隆多次让郎世宁绘画马匹。

郎世宁在《百骏图》中画的又是什么马呢？马也分很多品种，不同的品种适合于不同的用途。综合各方面要求来说，哪里的马最好呢？当年在我国境内，西北的新疆马和内蒙古的三河马都是排在前列的，这与乾隆平定西北的武功密切相关。

清初以来，西北地区就动荡不安，康熙、雍正两代皇帝花费了巨大的精力和大量的钱粮。乾隆二十年（公元 1755 年），清政府发兵，一直到乾隆二十二年（公元 1757 年）春，终于彻底平定了叛乱，于是来自新疆的名马也就自然而然地出现在皇家牧场里。

当我们仔细端详《百骏图》的时候有一种感觉，好像郎世宁不是单纯画马，而是借画马发挥，抒发自己内心的某种感受。雍正皇帝的第六子弘曕在郎世宁另一幅画马的作品《八骏图》上题文："郎卿画马非画马，凭仗秃笔写胸臆。""写胸臆"的意思就是指他在说心里话，郎世宁画马实际上是在表达自己对生活的感受。

郎世宁画马就需要了解马，比如马高兴的时候是什么样，马生气时候又是什么样。马高兴了能咧嘴笑吗？马嘴一张就是咧开的。中国古代哲学家庄子观察后写道：**"夫马，陆居则食草饮水，喜则交颈相靡，怒则分背相踶。"**"踶"就是踢，两匹马高兴的时候用脖子相互摩擦，生气的时候则是背对背，用蹄子踢对方。庄子借助对马的分析，主张放纵天性，无拘无束。在《百骏图》中我们所见到的，恰好就是马儿们自由自在、舒展放纵的天性。

在画卷开篇，郎世宁首先画出一匹英俊的白马。这匹马体形匀称优美，姿态高贵，鬃毛梳理整齐，神态安然，左后蹄轻轻点地，端庄又不失动感。马的眼神似看非看，似乎一切都在它的意料当中。不知这是郎世宁在表达着西方"白马王子"的神态还是在展示"马"的标准，将它列为百骏中第一乘。人间有帝王，马中也有王者。

在画卷的重点展示区域，郎世宁着重刻画了马匹间的细腻情感和动作神态。

一匹黄骠马安详地站着，紧贴它的是一匹棕色的马，在黄骠马背上轻轻地摩挲，黄骠马则是静静地享受着爱抚，棕色马体验着依偎的感觉，这么温柔的一对共同沐浴着阳光的照射。两匹马的形态不仅栩栩如生，而且甜得发腻的情态直教人羡慕不已。

> 白马王子

∨ 亲昵"情侣"马

　　画说中国故事：透过古画读懂历史

在画卷的另一侧，郎世宁运用了拟人的情节手法画出了四匹马的"爱恨情仇"。画中灰马和黑马的前腿交缠拥抱在一起，而愤怒的白马则张嘴咬向黑马，似有不甘，从灰马的眼神中似乎能读到它胜利的得意心态。几步之遥的一匹花斑马扭头不忍直视，眼神中带着一丝落寞，不知它在心疼谁。

> 四马"争风吃醋"

> "偷吻"马

四马左边的两匹马上演着"偷吻"一幕。一匹枣红马主动伸长脖子去触碰对方示好，被触碰到的花斑马有点猝不及防，作出躲避的反应，以至于都有些站不稳了。郎世宁在这里表现的是什么呢？既表现出马的一种动态，同时又记录了这个状态的瞬间动作，让人不禁联想花斑马的下一个动作会是什么。

看完温情一幕，再来看看马匹之间的争斗。前面讲到马发怒的时候是"分背相踶"，这里乌骓马背对一匹白底花斑马，扬起后蹄施威，但白底花斑马反应较慢，左侧肢体未动，右侧开始改变姿势，这是有反应意识但还没有来得及调转身体，说明是乌骓马首先发怒并且发起突然袭击。如果白底花斑马转过身来，两匹马用蹄子互踢对方，一场严重的争斗即将发生。在乌骓马的左前方，还有第三匹"八卦"马忍不住回望，此时牧马人正扬起马鞭要阻止这场争斗。

这样处理几匹马的神态和动作，使马匹之间彼此产生联系，显得更为传神。如果没有在长期细致的观察中发现马匹从平和到发怒的过程，不可能把动作拿捏得如此巧妙。只有深深地印在画家的脑海中，才能用一支毛笔来还原马群中一个瞬间的打斗。

在郎世宁的画中，马的各种动作神态跃然于纸上。马匹在画面的布局得当，用色恰到好处，笔墨浓淡相宜，在艺术手法上写实，但既不是纯正传统的中国水墨画，又不同于西方油画的浓墨重彩，这就是郎世宁在吃透了中西绘画的特点以后所展现出来一种独特的画风。

通过画卷，我们感受到了马的安详与静谧，感受到田野风光，微风徐来，还能感受到画家心无旁骛的专注和敏锐的观察，更能感受到画家心中的一份恬淡安逸，这也正是艺术的魅力。

﹀马匹争斗

在中国古代绘画中，马一直以膘肥体壮的夸张形象出现，以此凸显国家富足，彰显国家的军事能力。但在深受西方绘画风格熏陶的郎世宁笔下，他对中国马却有着截然不同的表达。那么，这位意大利人笔下的马，究竟有何不同？又表现他怎样的独到之处呢？

> 瘦马背影 ●

∨ 瘦马侧面

郎世宁画马的时候，每次都要画上一匹或者几匹瘦马。为什么要画瘦马呢？有这样一个故事，世间有一匹叫做"渠黄"的宝马，这匹马性格暴躁、身材消瘦，但力大无穷，奔驰如飞。相传，这匹渠黄马的主人就是大唐的开国名将秦琼。秦琼最初见到渠黄马的时候，因为看它很瘦，于是双手用力去压它，渠黄马虽瘦但有肌肉，站立得纹丝不动，秦琼对它赞叹不已。随后骑着这匹马南征北战，成就大业。

在《百骏图》中，郎世宁一共画了三匹瘦马。

牧马人骑着的白马旁是一匹上了年纪的老马，它可能也曾身经百战，或许还立过战功，但已然老得走路微颤，马鬃也显得稀疏。尽管此时年老体衰，依然得到牧马人的特殊照顾，守护在它的身后。这使人不由得想起杜甫的五言诗《病马》："乘尔亦已久，天寒关塞深。尘中老尽力，岁晚病伤心。毛骨岂殊众？驯良犹至今。物微意不浅，感动一沉吟。"从诗里我们感受到，尽管岁月无情催物老，但马的特点、品性都依然保留，因此看到画中这匹瘦马，总使人联想许多。

再来看一匹斜侧面的瘦马。虽然瘦得皮包骨，但它的腿站得很有力，眼神非但不显老态，更像是带着一丝"渴望"，孤身待在小树林下，与别处其他健硕的马显得格格不入。也许，它正"渴望"着加入小伙伴们吧。

另一处树林中还有一匹背对画面的瘦马，棕色的马匹，瘦骨嶙峋的身形与树干交汇在一起，几乎看不出来它的存在。

画马必画瘦马，这并不是中国画的固定模式。全画尽是肥马、壮马的作品并不少见，那么郎世宁为什么偏爱画瘦马呢？是什么用意呢？

唐朝李贺当年作有《马诗二十三首》，其中写道："**此马非凡马，房星本是星。向前敲瘦骨，犹自带铜声。**"意思是瘦马不是凡间的马，是天上的房星下凡，是神马。它虽然瘦，但你敲敲它的骨头，声音与铜声一样，瘦马依然有力，比作人群中"人不可貌相"。

在马场远处的一个角落中，有一群正在奔驰的马匹。一般情况下，马场要根据养马的用途进行必要的训练。作为征战起家的建州女真的后代，自然要用战马的标准来进行训练，其中奔驰是必不可少的项

∨ 奔驰马群

目。在奔驰马群中，有的马一往直前，有的马回头后顾，还有的马根本不想跑，这就需要驯马人进行训练。这部分内容存在一个问题，就是所有的马都是四蹄向外。

马的步子有什么特点呢？其实马奔跑起来的时候，它的前后腿是轮流蹬踏，马在跃起的一瞬间，可能是四蹄向外（前蹄准备蹬踏），也可能是四蹄向内（后蹄准备蹬踏）。因为没有人给马喊"一二一"，一群马跑起来不可能是整齐划一的动作。

现在我们对马的奔跑动作认识得比较清楚是借助了高速摄像机，而郎世宁当年没有这样的设备，所以他的画作中缺少某些动作也可以理解，不能因此苛求于古人。

纵观中国古代画马的作品，发现画马最难的是画马的眼睛，因为马眼睛的黑眼珠比较大，眼白的面积比较小，所以有时候不容易看出来。但如果刻意要表现马的眼神，又会显得特别生硬，因此有些高明的画家就干脆不画眼睛，只是通过马的体态动作，让人感觉到马眼睛的存在。可是郎世宁的作品里，特别是近景的几匹马，他不仅画了眼睛，而且还传递出了眼神，使人产生联想力，这真是神来之笔，没有长期的观察和写生的积累，一般人是难以做到的。

虽然这幅画今天被视为中国十大传世名画之一，但是当年它并不受皇帝待见。古代给皇帝画画，不是你想画就画，想怎么画就怎么画。这中间有四道程序：第一是领旨，就是皇帝下达画画的任务，告诉你画什么内容；第二是绘制小样，用白描的手法画出小样给皇帝审看，皇帝同意后才能绘画；第三是绘画全卷；第四是画完后交给皇帝验收。皇帝说它好，就记录在册，皇家收藏。

《百骏图》缺少的是第四步，就是没有入册。为什么呢？据说雍正皇帝认为这幅画在笔墨上缺少章法，不合规范，所以不给入册。到了乾隆时期，乾隆皇帝对这幅画的评价也不是太高，他认为画卷中段的树林丛过于突出了，冲淡了这幅骏马图的主题。应该说，乾隆这个评价还是有一定道理的，今天我们谈到摄影构图、美术构图都有一个突出主题的要求。

综合来说，郎世宁把中国画和西方油画的表现手法结合起来，创造了新的画风，促进了不同文化之间的融合，也给中国画坛带来了一股新的动力，成为中国画向现代发展的一个重要节点。

不足之处是作为宫廷画师，他当年的这些优秀作品，主要保存在宫中，老百姓看不到，影响力也受到限制。到了近代，徐悲鸿等一批中国青年画家，继承了中国画的优秀传统，又吸收了西方油画的精华，为近代中国画的创作打开了百花齐放的崭新天地。

参考书目

余辉. 故宫藏画的故事 [M]. 北京: 故宫出版社, 2014.

孟晖. 古画里的中国 [M]. 郑州: 河南大学出版社, 2017.

杨东胜. 徐扬: 姑苏繁华图 [M]. 天津: 天津人民美术出版社, 2008.

曹天成. 瘦马行: 郎世宁的中国经验 [M]. 北京: 中华书局, 2017.

樊波. 中国人物画史 [M]. 南昌: 江西美术出版社, 2008.